Karl May

Mein Blutsbruder Winnetou

Bearbeitet von Christian Somnitz
Mit zeitgenössischen Illustrationen von Josef Ulrich

Hase und Igel®

Für Lehrkräfte gibt es zu diesem Buch
ausführliches Begleitmaterial beim Hase und Igel Verlag.

www.hase-und-igel.de
Diese Schulausgabe basiert auf dem Roman „Winnetou I“,
erschienen 1908 im Fehsenfeld Verlag, Freiburg.
Die Schreibweise folgt den Regeln der neuen Rechtschreibung.
Lektorat: Kristina Oerke
Druck: CPI – Ebner & Spiegel, Ulm

ISBN 978-3-86760-105-4
1. Auflage 2009

Inhalt

1. Ein Greenhorn

Lieber Leser, weißt du, was das Wort „Greenhorn“ bedeutet? Es ist höchst ärgerlich und beleidigend, wenn man so genannt wird. „Green“ heißt „grün“. „Horn“ bedeutet in diesem Fall so viel wie „Fühlhorn“. Ein Greenhorn ist demnach ein Mensch, der noch unerfahren und „grün“ ist und deshalb seine Fühlhörner behutsam ausstrecken muss, wenn er nicht ausgelacht werden will.

Ein Greenhorn schiebt beim Laden des Gewehrs die Patrone verkehrt herum in den Lauf. Ein Greenhorn hält einen Waschbären für ein Opossum. Und wenn ein Greenhorn eine Ohrfeige erhalten hat, läuft es mit seiner Klage zum Friedensrichter, anstatt sich zu wehren. Ein Greenhorn hält die Spuren eines Truthahns für eine Bärenfährte und eine elegante Sportjacht für einen Mississippi-Dampfer. Ein Greenhorn geniert sich, seine Suppe mit dem Schnaufen eines verendenden Büffels hinunterzuschlürfen. Ein Greenhorn schleppt der Reinlichkeit wegen einen Waschschwamm von der Größe eines Riesenkürbisses und zehn Pfund Seife mit in die Prärie und nimmt außerdem einen Kompass mit, der schon am dritten oder vierten Tag in alle möglichen Richtungen, aber nie mehr nach Norden zeigt. Ein Greenhorn kauft Schießpulver und erkennt beim ersten Schuss, dass man ihm gemahlene Holzkohle gegeben hat. Ein Greenhorn macht im Wilden Westen ein so starkes Lagerfeuer, dass es baumhoch emporlodert, und wenn das Greenhorn dann von den Indianern entdeckt und erschossen worden ist, wundert es sich darüber, dass sie es haben finden können. Ein Greenhorn ist eben ein Greenhorn – und ein solches war damals auch ich.

Aber man denke ja nicht, dass ich selbst eingesehen hätte, dass diese kränkende Bezeichnung auf mich passte. O nein! Ein typisches Greenhorn hält nämlich eher alle anderen Menschen für „grün“ als sich selbst. Meiner Ansicht nach war ich sogar ein außerordentlich kluger und erfahrener Mensch. Schließlich hatte ich studiert und nie vor einem Examen Angst gehabt! Dass das Leben selbst die eigentliche und richtige Hochschule ist, davon wusste ich damals noch nichts.

Armut und Abenteuerlust hatten mich dazu getrieben, meine Heimat zu verlassen und nach Amerika zu gehen. Ich war nicht an der Ostküste geblieben, sondern hatte mich auf den Weg nach Westen gemacht. Bei einer Familie in St. Louis, nahe der Indianergrenze, fand ich eine Stelle als Hauslehrer.

In dieser Familie verkehrte Mr Henry, ein etwas schrulliger Büchsenmacher, der ein Meister seines Fachs war. Mr Henry wirkte oft schroff und abweisend, war aber insgeheim ein gütiger und sanftmütiger Mensch. Mit ihm freundete ich mich an, und auch er schloss mich in sein Herz, denn ich erinnerte ihn an seinen Sohn. Er sprach nie darüber – aber ich wusste, dass seine ganze Familie einst bei einem Überfall ums Leben gekommen war.

Dennoch war Mr Henry zu mir oft ebenso ruppig wie zu jedem anderen. Und so kam es, dass er mich eines Abends, als ich bei ihm zu Besuch war, als Greenhorn bezeichnete.

„Greenhorn?“, erwiderte ich beleidigt. „Ich hoffe doch sehr, Mr Henry, dass Ihr das nicht ernst meint!“

„Aber natürlich meine ich das ernst! Ihr seid ein Greenhorn – und was für eins! Ihr wisst genau, was in den Büchern steht: wie weit die Sterne von hier entfernt sind, was der König Nebukadnezar auf Ziegelsteine geschrieben hat und wie schwer die Luft ist, die Ihr doch nicht sehen könnt. Aber was Ihr bis jetzt wisst, ist nichts – gar nichts. Und was Ihr bis jetzt könnt, ist noch viel weniger. Ihr könnt ja nicht einmal schießen."

„Nicht schießen? Hm", antwortete ich lächelnd. „Gebt mir ein gutes Gewehr und ich zeige Euch, wie ich schießen kann."

Da legte er den Büchsenlauf weg, an dem er gerade schraubte, blickte mich verwundert an und rief: „Euch soll ich ein Gewehr geben? Fällt mir nicht ein, Sir! Meine Gewehre kommen nur in Hände, die ihrer wert sind."

„Solche Hände habe ich", beharrte ich.

Er sah mich noch einmal von der Seite an, setzte sich wieder und begann an dem Gewehrlauf zu schrauben und zu feilen, als habe er kein Interesse, das Gespräch fortzusetzen. Endlich brach er das Schweigen und sagte: „Schießen ist nämlich schwerer, als nach den Sternen zu gucken oder alte Ziegelsteine von Nebukadnezar zu lesen. Verstanden? Habt Ihr denn jemals mit einem Gewehr geschossen und getroffen?"

„Natürlich!"

„Was? Ihr wollt mir einen Bären aufbinden! Ich bin überzeugt, dass Ihr an einer Mauer vorbeischießen würdet! Nehmt doch einmal die alte Flinte da hinten vom Nagel und legt sie an, als ob Ihr zielen wolltet. Es ist ein Bärentöter, der beste, den ich jemals in den Händen gehabt habe."

Ich ging hin, griff nach der Büchse und legte sie an.

„Hallo!", rief er aus und sprang auf. „Was ist denn das? Ihr geht ja mit dieser Flinte um, als wäre sie ein leichter

Spazierstock. Dabei ist dies das schwerste Gewehr, das ich kenne! Seid Ihr denn so stark?"

Anstatt zu antworten, nahm ich ihn beim Hosenbund und hob ihn mit dem rechten Arm empor.

„Donnerwetter!", schrie er auf. „Lasst mich los! Ihr seid ja noch weitaus kräftiger als mein Sohn Bill." Mr Henry sah tieftraurig aus, als er dies sagte. Doch schon im nächsten Augenblick fuhr er sich mit der Hand über das Gesicht und sprach in munterem Ton weiter: „Aber bei Eurer Muskelkraft ist es wirklich jammerschade, dass Ihr Euch so auf die Bücher verlegt habt. Ihr hättet besser Euren Körper trainieren sollen!"

„Habe ich auch: Turnen, Ringen, Reiten, Fechten – ich mache überall mit!"

„Wenn Ihr meint." Mr Henry sah mich forschend an und wandte sich dann wieder seiner Arbeit zu. Er schien mit seinen Gedanken woanders zu sein. Plötzlich blickte er wieder auf und fragte: „Habt Ihr Mathematik betrieben?"

„Das war sogar eine meiner Lieblingswissenschaften."

„Arithmetik, Geometrie?"

„Natürlich."

„Auch Feldmesserei?"

„Sogar sehr gern. Ich bin oft nur zum Vergnügen mit den entsprechenden Gerätschaften draußen herumgelaufen. Aber warum fragt Ihr danach, Mr Henry?"

„Ich habe meine Gründe. Ihr werdet es schon früh genug erfahren. Muss vorher wissen, ob Ihr schießen könnt."

„So stellt mich auf die Probe!"

„Das werde ich tun, darauf könnt Ihr Euch verlassen. Wann beginnt Ihr morgen früh mit dem Unterricht?"

„Um acht Uhr.“

„So kommt um sechs zu mir. Wollen hinauf auf den Schießstand gehen, wo ich meine Gewehre einschieße.“

„Warum so früh?“

„Weil ich nicht länger warten will. Bin ganz begierig darauf, Euch zu zeigen, dass Ihr ein Greenhorn seid.“

Ich ahnte nicht, wie wichtig dieser Abend für mich werden sollte. Aber auf den nächsten Morgen freute ich mich, denn ich hatte wirklich schon viel geschossen und war überzeugt, dass ich vor den Augen meines sonderbaren Freundes bestehen würde.

Am nächsten Morgen fand ich mich pünktlich um sechs Uhr bei Mr Henry ein. Er wartete schon auf mich, gab mir die Hand und sagte mit einem ironischen Lächeln: „Guten Morgen, Sir! Ihr macht ein recht siegesgewisses Gesicht. Wollen gleich einmal sehen. Ich nehme ein leichteres Gewehr mit und Ihr tragt den Bärentöter; ich will mich mit so einer Last nicht abschleppen.“

Auf dem Schießstand angekommen, lud er beide Gewehre und schoss mit dem leichteren selbst zweimal. Dann kam ich mit dem Bärentöter an die Reihe. Ich kannte dieses Gewehr noch nicht und traf infolgedessen beim ersten Schuss nur den Rand des Schwarzen in der Scheibe. Der zweite Schuss saß besser und der dritte traf genau die Mitte des Schwarzen. Die nächsten Kugeln gingen alle durch das Loch, das die dritte in die Zielscheibe geschlagen hatte.

Das Erstaunen Henrys wuchs von Schuss zu Schuss. Schließlich rief er: „Ihr seid zum Westmann geboren! So habe ich noch kein Greenhorn schießen sehen. Es ist geradezu Eure Pflicht, Westmann zu werden. Habt Ihr keine Lust dazu?"

„Warum nicht?"

„Nun, werden sehen, was sich aus dem Greenhorn machen lässt. Also reiten könnt Ihr auch?"

„Was ist das Reiten schon weiter? Das Aufsteigen ist das Schwierigste. Wenn ich dann erst oben sitze, wirft mich kein Pferd so leicht ab."

„So? Wollen sehen! Habt Ihr Lust, eine Probe Eures Könnens zu zeigen?"

„Gern."

„So kommt! Es ist erst sieben Uhr, also habt Ihr noch eine Stunde Zeit. Wir gehen zu Jim Korner, dem Pferdehändler. Der hat einen Rotschimmel, der Euch die großen Töne schon austreiben wird."

Wir suchten den Pferdehändler auf. „Dieser junge Sir behauptet, dass ihn kein Pferd aus dem Sattel wirft", erklärte Mr Henry. „Was meint Ihr dazu, Mr Korner? Wollt Ihr ihn einmal auf Euren Rotschimmel klettern lassen?"

Der Händler musterte mich kurz und war dann einverstanden. Auf seine Anweisung führten zwei Knechte das gesattelte Pferd aus dem Stall. Es war höchst unruhig, tänzelte und versuchte sich loszureißen.

Nun wurde Mr Henry doch bange und er bat mich von dem Versuch abzulassen. Doch ich vertraute auf meine Fähigkeiten und ließ mir eine Peitsche und Sporen geben. Dann schwang ich mich in den Sattel, wozu ich allerdings mehrere Versuche brauchte. Kaum saß ich oben, sprang der Schimmel mit allen vieren zugleich in die Luft.

Obwohl ich die Füße noch nicht in den Steigbügeln hatte, gelang es mir, mich im Sattel zu halten. Schnell schob ich die Stiefelspitzen in die Bügel. Und nach und nach gewann ich tatsächlich die Herrschaft über das Tier. Als ich abstieg, zitterten mir die Beine vor Anstrengung. Das Pferd aber triefte vor Schweiß und schäumte große, schwere Flocken; es gehorchte nun jedem Zügelruck.

Der Händler sagte: „Das hätte ich nicht gedacht, junger Mann. Ich habe geglaubt, Ihr würdet schon beim ersten Sprung unten liegen. Wenn Ihr mir einen Gefallen tun wollt, so kommt wieder und bringt mir das Tier vollends zu Verstand. Es soll mir auf zehn Dollar nicht ankommen, denn es ist kein billiges Pferd. Und wenn es gehorchen lernt, so mache ich ein Geschäft."

Einige Tage hörte ich nichts von Mr Henry. Doch eines Nachmittags – ich hatte gerade frei – kam er zu mir und fragte: „Habt Ihr Lust, einen Spaziergang mit mir zu machen?"

„Wohin?"

„Zu einem Gentleman, der Euch gern kennenlernen will."

„Warum das?"

„Das könnt Ihr Euch doch denken: Weil er noch kein Greenhorn gesehen hat."

Wir schlenderten durch einige Straßen. Dann führte Mr Henry mich in ein Büro. Er schob mich so schnell durch die Tür, dass ich die goldenen Lettern, die auf den Glasscheiben standen, nicht mehr in Ruhe lesen konnte.

Es saßen drei Herren da, die Mr Henry sehr freundlich und mich höflich und mit nicht zu verbergender Neugier empfingen. Karten und Pläne lagen auf den Tischen, dazwischen allerlei Messinstrumente.

Was mein Freund mit diesem Besuch bezweckte, war mir unklar. Er hatte keine Bestellung aufzugeben und keine Erkundigung einzuholen, sondern schien nur der freundschaftlichen Unterhaltung wegen gekommen zu sein. Zu meiner Freude ging es in dem Gespräch vor allem um die Gegenstände, die sich in dem Büro befanden. Daran konnte ich mich besser beteiligen, als wenn von amerikanischen Dingen oder Verhältnissen gesprochen worden wäre, die ich noch nicht kannte. Mr Henry schien sich heute außerordentlich für die Kunst der Landvermessung zu interessieren, denn er wollte alles wissen. Ich ließ mich gern so tief ins Gespräch ziehen: Ich beantwortete Fragen, erklärte die verschiedenen Instrumente und beschrieb das Zeichnen von Karten und Plänen. Dabei machte ich meinem Ruf als Greenhorn alle Ehre, denn ich durchschaute die Absicht nicht, die hinter diesem plötzlichen Interesse meines Freundes stand.

Ungefähr drei Wochen nach diesem sonderbaren Besuch in dem Vermessungsbüro bat mich meine Dienstherrin, am Abend nicht auszugehen, obwohl ich eigentlich frei hatte. Stattdessen sollte ich mit der Familie speisen. „Ich habe Mr Henry und zwei weitere Gentlemen eingeladen“, erklärte mir die Lady. „Einer von ihnen ist Sam Hawkens, der berühmte Westmann.“

Ich hatte diesen Namen noch nicht gehört, freute mich aber doch darauf, den ersten wirklichen Westmann kennenzulernen.

Da ich im Haus wohnte, war ich einige Minuten vor den anderen Gästen im Speiseraum, der zu meiner Verwunderung wie zu einem Fest geschmückt war. Schon bald erschienen die Gäste. Sie kamen alle drei zusammen. Mr Henry stellte mir einen jungen, etwas schwerfällig aussehenden Mann namens Mr Black und dann Sam Hawkens, den Westmann, vor.

Den Westmann! Ich habe wohl bei seinem Anblick nicht sehr geistreich ausgesehen. Eine solche Gestalt war mir noch nie begegnet. Er stand hier ganz genauso, wie er wohl auch draußen in der Wildnis gestanden hätte – ohne die Kopfbedeckung abzunehmen und mit dem Gewehr in der Hand.

Man denke sich folgendes Äußere: Unter der wehmütig herabhängenden Krempe eines alten Filzhutes von unbestimmbarer Farbe blickte zwischen einem Wald von verworrenen, schwarzen Barthaaren eine Nase hervor, die von fast erschreckenden Dimensionen war und jeder beliebigen Sonnenuhr als Schattenwerfer hätte dienen können. Seine zwei klugen Äuglein ruhten mit einem Ausdruck von schalkhafter List auf mir. Der Körper steckte in einem alten, ledernen Jagdrock, der dem kleinen Mann viel zu groß war. Dieser Rock war viele Male geflickt und ausgebessert worden, wobei immer ein Lederfetzen wieder auf den anderen genäht worden war. Dadurch hatte das Kleidungsstück eine Steifheit und Dicke erlangt, dass wohl kaum ein Indianerpfeil hindurchdringen konnte. Die dürren, sichelkrummen Beine steckten in alten, ausgefransten Leggins. Dazu trug das Männchen ein Paar Indianerstiefel, die so groß waren, dass der Besitzer notfalls in voller Lebensgröße darin hätte Platz finden können.

In der Hand trug dieser berühmte Westmann eine Flinte, die ich wohl nur mit äußerster Vorsicht angefasst hätte. Sie war einem Knüppel viel ähnlicher als einem Gewehr.

Doch so lächerlich mir dieser Sam Hawkens jetzt auch vorkam: Es sollte nicht lange dauern, bis ich dieses spaßige Männchen vollauf zu schätzen lernte.

Nachdem er mich genau betrachtet hatte, fragte Sam Hawkens den Büchsenmacher mit einer dünnen Kinderstimme: „Ist dies das junge Greenhorn, von dem Ihr mir erzählt habt, Mr Henry?“

„Jawohl!“, nickte dieser.

„Gefällt mir gar nicht übel. Hoffe, dass Sam Hawkens ihm auch gefallen wird, hihihihi!“

In diesem Augenblick traten die Dame und der Herr des Hauses ein und Sam Hawkens wendete sich ihnen zu, um sie zu begrüßen. Dann wurden wir gebeten, an der Tafel Platz zu nehmen. Sam Hawkens deutete auf seinen alten Schießprügel und sagte: „Ein richtiger Westmann lässt sein Gewehr niemals aus den Augen und ich meine brave Liddy erst recht nicht. Werde sie dort an den Vorhangknopf hängen.“

Also „Liddy“ nannte er sein Gewehr! Später erfuhr ich, dass viele Westmänner ihre Gewehre wie ein Lebewesen behandeln und ihnen einen Namen geben. Hawkens hängte seine „Liddy“ an die genannte Stelle. Dann nahm er endlich seinen unbeschreiblichen Hut ab, um ihn ebenfalls dort zu platzieren. Doch zu meinem Entsetzen blieb sein ganzes Kopfhaar mitsamt der Haut daran hängen. Es war wirklich ein erschreckender Anblick, den sein hautloser, blutigroter Schädel bot. Die Lady schrie laut auf und die Kinder kreischten, was das Zeug hielt.

Hawkens sagte ruhig: „Kein Grund zu erschrecken! Es ist ja weiter nichts! Hatte meine eigenen Haare mit vollem Recht und ehrlich von Kindesbeinen an getragen und kein

Anwalt wagte es, sie mir streitig zu machen, bis mich so ein oder zwei Dutzend Indianer vom Stamme der Pawnees überfielen und mir die Haare samt der Haut vom Kopf rissen. War ein verteufelt störendes Gefühl für mich, habe es aber glücklich überstanden, hihihihi! Bin dann nach Tekama gegangen und habe mir einen neuen Skalp gekauft, wenn ich mich nicht irre. Wurde Perücke genannt und kostete mich drei dicke Bündel Biberfelle. Schadet aber nichts, denn die neue Haut ist viel praktischer als die alte – besonders im Sommer, denn dann kann ich sie abnehmen, wenn ich schwitze, hihihihi."

Er hängte den Hut zur Flinte und stülpte sich die Perücke wieder auf den Kopf. Dann sah er mich und die Dame des Hauses nacheinander aus seinen listigen Äuglein an und fragte: „Will Mylady diesem Greenhorn nicht sagen, worum es geht, bevor wir mit dem Essen beginnen, wenn ich mich nicht irre?" Der Ausdruck „wenn ich mich nicht irre" war bei ihm offenbar zur stehenden Redensart geworden.

Die Lady nickte, wandte sich mir zu, deutete auf den jüngeren Gast und sagte: „Ihr werdet vielleicht noch nicht wissen, dass Mr Black hier Euer Nachfolger ist, Sir."

„Mein … Nachfolger?", stieß ich ganz betroffen hervor.

„Jawohl. Da wir heute Euren Abschied von uns feiern, waren wir gezwungen uns nach einem neuen Lehrer umzusehen."

„Meinen … Abschied?"

„Ja, Euren Abschied, Sir", nickte sie mit einem wohlwollenden Lächeln. „Eigentlich hättet Ihr vorher kündigen müssen. Doch wir haben Euch so lieb gewonnen, dass

wir Euch nicht daran hindern wollen, diese Gelegenheit zu ergreifen. Jetzt, da Ihr Euer Glück machen könnt! Wir geben Euch unsere besten Wünsche mit. Reist in Gottes Namen morgen ab!“

„Abreisen? Morgen? Wohin denn?", brachte ich nur mühsam hervor.

Da schlug Sam Hawkens, der neben mir stand, mir mit der Hand auf die Schulter und antwortete lachend: „Wohin? In den Wilden Westen – mit mir. Ihr habt ja Euer Examen glänzend bestanden, hihihihi! Die anderen Ingenieure reiten morgen fort und können nicht auf Euch warten; Ihr müsst unweigerlich mit. Dick Stone, Will Parker und ich, wir sind als Führer engagiert. Oder wollt Ihr für immer ein Greenhorn bleiben?"

Da fiel es mir wie Schuppen von den Augen. Das alles war eine abgekartete Sache gewesen: Ingenieur, Landvermesser, vielleicht gar für eine der großen Eisenbahnlinien, die geplant wurden!

Nun trat mein alter, guter Mr Henry zu mir und erklärte: „Hab's Euch ja schon gesagt, weshalb ich Euch gernhabe. Ihr seid hier bei braven Menschen, aber ein Hauslehrerposten ist nichts für Euch, Sir. Ihr müsst in den Westen. Habe mich darum an die Gesellschaft der Atlantik-Pazifik-Bahn gewendet und Euch, ohne dass Ihr es wusstet, prüfen lassen. Habt gut bestanden. Hier ist Euer Anstellungsvertrag." Er gab mir das Dokument.

Als ich mein zukünftiges Einkommen verzeichnet fand, machte ich große Augen.

Mr Henry aber fuhr fort: „Es wird geritten; Ihr braucht also ein gutes Pferd. Habe Euch den Rotschimmel gekauft, den Ihr selbst zugeritten habt. Und Waffen müsst Ihr auch haben. Ich werde Euch den Bärentöter mitgeben – die alte, schwere Flinte, die ich nicht mehr brauchen kann, mit der Ihr aber bei jedem Schuss ins Schwarze trefft. Was sagt Ihr dazu, Sir, he?"

Erst nach dem Essen erfuhr ich, was ich wissen musste: Die Bahn sollte von St. Louis aus durch das Indian-Territory und dann weiter durch New Mexico, Arizona und Kalifornien bis zur Pazifikküste gehen. Diese weite Strecke wurde in einzelnen Abschnitten erforscht und ausgemessen. Der Abschnitt, der mir und meinen zukünftigen Kollegen zugefallen war, lag zwischen dem Quellgebiet des Rio Pecos und dem südlichen Canadian River. Die drei bewährten Scouts Sam Hawkens, Dick Stone und Will Parker sollten uns an unseren Bestimmungsort bringen. Dort würden wir dann eine ganze Schar von wackeren Westmännern vorfinden, die für unsere Sicherheit zu sorgen hatten.

Am nächsten Morgen nahm ich von der Familie, bei der ich Hauslehrer gewesen war, Abschied. Dann ging ich zu Mr Henry. Meine Dankesworte schnitt er auf seine derbe Art ab. Doch schüttelte er mir herzlich die Hände, als er sagte: „Haltet den Schnabel, Sir! Ich habe Euch doch nur deshalb hinausgeschickt, damit mein alter Bärentöter wieder einmal mitreden kann. Kehrt Ihr zurück, so sucht mich auf und erzählt, was Ihr erlebt und erfahren habt. Dann wird es sich zeigen, ob Ihr noch immer ein Greenhorn seid!“ Damit schob er mich zur Tür hinaus. Doch ehe er sie schloss, sah ich, dass ihm Tränen in den Augen standen.

2. Old Shatterhand

Es war bereits Ende Herbst und wir waren schon über drei Monate als Landvermesser tätig. Dennoch hatten wir unseren Auftrag noch nicht erfüllt, während die meisten anderen Abteilungen schon längst nach Hause zurückgekehrt waren.

Hierfür gab es zwei Gründe: Zum einen hatten wir eine besonders schwierige Gegend zu vermessen. Viele der anderen Gruppen konnten sich an Tälern und Gebirgspässen orientieren. Wir aber mussten durch zeitraubende Ritte, anstrengende Wanderungen und viele vergleichende Messungen die beste Route erst erkunden. Hinzu kam, dass drei verschiedene Indianerstämme, nämlich die Kiowa, die Komantschen und die Apachen, das Gebiet als ihr Eigentum betrachteten. Diese Indianer würden kaum tatenlos hinnehmen, dass hier eine Eisenbahn gebaut wurde. Wir konnten es daher nicht wagen, uns durch die Jagd mit der nötigen Nahrung zu versorgen. Wir hätten die Roten dadurch nur unnötig auf uns aufmerksam gemacht. Deshalb bezogen wir alles Lebensnotwendige durch Ochsenwagen aus Santa Fé. Leider waren diese Transporte sehr unsicher und wir konnten wiederholt nicht weiterziehen, weil wir auf die Ankunft der Wagen warten mussten.

Die zweite Ursache für die Verzögerung lag in der Zusammensetzung unserer Truppe. Meine Kollegen wollten vor allem Geld verdienen. Ob sie ihre Aufgabe auch wirklich gewissenhaft erfüllten, danach fragten sie nicht. Abgesehen davon war es mit ihren Kenntnissen nicht weit her. Bald schon schoben sie mir die schwierigsten Aufgaben zu und machten sich selbst das Leben so leicht wie möglich.

Mr Bancroft, der Oberingenieur, war noch der Fähigste von ihnen. Doch war er allzu sehr dem Branntwein zugetan. Er beschäftigte sich weit mehr mit dem Brandy, der zu unseren Vorräten gehörte, als mit den Messinstrumenten. So kam es vor, dass er halbe Tage lang total betrunken in einer Ecke lag. Um ja nicht zu kurz zu kommen – immerhin hatten wir alle den Schnaps mitbezahlt –, tranken die drei anderen Ingenieure mit ihm um die Wette. Es liegt in der Natur der Sache, dass auch sie oft nicht in der besten Verfassung waren.

Die übrige Gesellschaft ließ nicht weniger zu wünschen übrig: Die zwölf „Westmänner" waren alles andere als zuverlässig. Glücklicherweise war ich bisher noch nie auf diesen sehr zweifelhaften Schutz angewiesen gewesen.

Bancroft war als Oberingenieur unser aller Vorgesetzter. Doch kein Mensch gehorchte ihm. Wenn er einen Befehl erteilte, lachte man ihn aus; daraufhin fluchte er, wie ich selten einen Menschen habe fluchen hören, und ging zum Brandyfass, um sich für diese Anstrengung zu belohnen. So nahm also ich die Zügel in die Hand – doch so, dass man es nicht bemerkte. Ich war zu jung, als dass die anderen mich für voll genommen hätten. Wäre ich so unklug gewesen, einmal in gebieterischem Ton zu sprechen, so hätte ich gewiss schallendes Gelächter geerntet. Nein, ich musste leise und vorsichtig verfahren. Ich wurde von diesen Menschen wohl zehnmal täglich ein Greenhorn genannt und doch richteten sie sich unbewusst nach mir.

Sam Hawkens und seine beiden Gefährten Dick Stone und Will Parker standen mir zur Seite. Sam Hawkens hatte sich meiner angenommen. Er gab mir theoretischen und praktischen Unterricht in allem, was man im Wilden

Westen wissen und können muss. So fertigte er mir sogar ein Lasso an und erlaubte mir, mich im Werfen dieser Waffe an seiner eigenen Person zu üben. Als ich es so weit gebracht hatte, dass die Schlinge bei jedem Wurf ihr Ziel traf, freute er sich herzlich und rief aus: „Schön so, mein junger Sir; so ist's recht! Doch bildet Euch auf dieses Lob ja nichts ein! Ein Schulmeister muss selbst den dümmsten Jungen zuweilen loben, wenn dieser nicht ganz und gar sitzen bleiben soll. Ich habe schon manchen jungen Westmann unterwiesen und sie alle haben sehr viel leichter gelernt und mich viel rascher begriffen als Ihr. Doch wenn Ihr Euch so weiterübt, so seid Ihr nach sechs oder acht Jahren vielleicht kein Greenhorn mehr, wenn ich mich nicht irre!"

Trotz aller Hindernisse war es uns gelungen, den Abstand zur nächsten Abteilung zu verringern, sodass wir sie wohl im Laufe einer Woche einholen würden. Um dies dort zu vermelden, musste ein Bote abgesandt werden. Bancroft erklärte, dass er den Ritt am Sonntagmorgen selbst unternehmen und einen der Westmänner als Führer mitnehmen wolle. Vorher hielt er es jedoch für nötig, einen kleinen Abschiedstrunk zu tun, an dem sich alle beteiligen sollten. Ich allein war nicht eingeladen; Hawkens, Stone und Parker kamen der Aufforderung nicht nach.

Wie ich gleich geahnt hatte, trank Bancroft so viel, dass er schließlich kaum noch lallen konnte. Seine Zechgenossen waren nicht weniger betrunken. Von dem geplanten Ritt konnte jetzt keine Rede mehr sein. Im Gegenteil: Die Kerle krochen hinter die Büsche, um auszuschlafen.

Was war zu tun? Der Bote musste fort und diese Menschen würden auf jeden Fall bis weit in den Nachmittag hinein schlafen. Ich beriet mich mit Sam Hawkens darüber, ob ich an Bancrofts Stelle reiten sollte. Plötzlich deutete er mit der Hand nach Westen und sagte: „Es wird nicht nötig sein, dass Ihr reitet, Sir. Könnt die Botschaft denen mitgeben, die dort kommen."

Als ich in die angegebene Richtung blickte, sah ich zwei Reiter. Der eine war ein alter, erfahrener Scout, der zur Nachbarabteilung gehörte und schon einige Male als Bote bei uns gewesen war. Neben ihm ritt ein Mann, der nicht wie ein Westmann gekleidet war.

Die Reiter kamen heran und der Unbekannte fragte mich nach meinem Namen. Als ich ihm diesen genannt hatte, betrachtete er mich mit freundlich forschendem Blick und sagte: „Ihr seid also der junge Mann, der hier alle Arbeit tut, während die anderen auf der faulen Haut liegen. Mein Name ist White und ich bin der Oberingenieur der benachbarten Abteilung."

Er gab mir die Hand und ließ den Blick suchend über unser Lager schweifen. Als er die Schläfer hinter den Büschen und dann auch das Branntweinfass erblickte, ging ein grimmiges Lächeln über sein Gesicht. „Die sind wohl alle betrunken?", fragte er.

Ich nickte. „Ja. Mr Bancroft wollte zu Euch reiten und da hat es einen kleinen Abschiedstrunk gegeben. Ich werde ihn wecken und …"

„Halt!", fiel er mir ins Wort. „Lasst die Kerle schlafen! Es ist mir lieb, dass ich mit Euch reden kann, ohne dass sie es hören. Ich wollte hier nur einmal nach dem Rechten sehen und vor allem mit Euch reden. Wir sind mit unserem Streckenabschnitt fertig, Ihr aber noch nicht mit dem Eurigen."

„Wir haben ein besonders schwieriges Gebiet und ..."

„Ich weiß schon!", unterbrach er mich. „Wenn Ihr Euch nicht dreifach angestrengt hättet, so wäre Bancroft noch da, wo er angefangen hat."

„Das stimmt nicht, Mr White. Es ist meine Pflicht ..."

„Still, Sir! Ich habe mit den Boten, die zwischen Euch und uns hin- und hergegangen sind, gesprochen und weiß genau Bescheid. Es ist sehr großmütig, dass Ihr diese Säufer in Schutz nehmen wollt, aber ich will die Wahrheit hören."

Er begann Sam Hawkens, Stone und Parker auszufragen. Diese erzählten ihm alles. Ich versuchte zwar meine Kollegen zu verteidigen, hatte aber keinen Erfolg. Schließlich sah sich White aufmerksam unsere Zeichnungen und das Diensttagebuch an. Als er mich danach fragte, konnte ich nicht leugnen, dass ich allein der Zeichner und Verfasser dieser Schriftstücke war. Keiner meiner Kollegen hatte einen Strich getan oder einen Buchstaben geschrieben.

Als White alles gesehen hatte, stand er auf und weckte die Schläfer. Bancroft wollte erst grob werden, weil man ihn gestört hatte. Als ich ihm aber sagte, dass Mr White von der benachbarten Abteilung gekommen sei, zeigte er sich höflich. Sofort bot er dem Gast einen Becher Brandy an. Doch damit geriet er an den Falschen. White hielt ihm eine Strafpredigt, wie er sie gewiss noch nie gehört hatte.

Als er seine anfängliche Verblüffung überwunden hatte, ging Bancroft auf White los und schrie ihn an: „Ihr seid nichts als der Oberingenieur der benachbarten Abteilung. Ihr habt mir gar nichts zu befehlen!"

White erwiderte ruhig: „Es ist wohl wahr, dass ich Euch nichts zu befehlen habe. Aber wenn ich sehe, dass jemand dem gemeinsamen Projekt schadet, so ist es meine Pflicht, dem Einhalt zu gebieten. Ich zähle hier sechzehn Menschen, die alle betrunken waren, als ich vor zwei Stunden hier ankam …"

„Vor zwei Stunden?", fiel ihm Bancroft ins Wort. „So lange seid Ihr schon hier?"

„Allerdings. Ich habe mir die Aufnahmen angesehen und mich darüber informiert, wer sie gemacht hat. Das ist ja das reine Schlaraffenleben hier gewesen, während ein Einziger, und noch dazu der Jüngste, die ganze Arbeit zu bewältigen hatte!"

Da fuhr Bancroft zu mir herum und zischte mich an: „Das habt Ihr gesagt, Ihr niederträchtiger Lügner!"

„Nein", antwortete ihm White. „Euer junger Kollege hat als Gentleman gehandelt und nur gut über Euch gesprochen. Er hat Euch in Schutz genommen, und ich rate Euch, ihn dafür um Verzeihung zu bitten, dass Ihr ihn einen Lügner nanntet."

„Um Verzeihung bitten? Fällt mir nicht ein!", lachte Bancroft höhnisch. „Dieses Greenhorn kann ein Dreieck nicht von einem Viereck unterscheiden und will trotzdem ein Vermessungsingenieur sein. Wir sind nicht vorangekommen, weil er alles verkehrt gemacht und uns aufgehalten hat. Und …"

Weiter kam er nicht. Ich war monatelang geduldig gewesen und hatte diese Leute über mich denken lassen, was sie wollten. Jetzt aber ergriff ich Bancrofts Arm und drückte diesen so fest, dass der Oberingenieur vor Schmerz verstummte. „Mr Bancroft, ich nehme an, dass Ihr noch betrunken seid. Darum will ich so tun, als ob Ihr nichts gesagt hättet."

„Ich, betrunken? Ihr seid verrückt!", erwiderte er.

„Jawohl, betrunken! Denn wenn Ihr diese Beschimpfungen in nüchternem Zustand ausgesprochen hättet, so müsste ich Euch mit der Faust eines Besseren belehren!"

Bancroft hatte gewiss nie geglaubt, jemals vor mir Angst haben zu müssen. Jetzt aber fürchtete er sich. Er wollte nicht sagen, dass er noch betrunken sei, traute sich aber auch nicht, seine Beschuldigungen aufrechtzuerhalten. Deshalb wandte er sich an den Anführer der zwölf unfähigen Westmänner und sagte: „Mr Rattler, duldet Ihr es, dass dieser Mensch sich an mir vergreift?"

Rattler war ein breitschultriger Mann, der so stark wie vier Männer zu sein schien. Außerdem war er Bancrofts liebster Trinkkumpan. Er trat schnell herbei und antwortete: „Nein, das kann ich nicht dulden, Mr Bancroft. Dieser Knabe will erwachsenen Männern drohen und sie verleumden. Lass die Hand von Mr Bancroft, Junge, sonst zeige ich dir, was für ein Greenhorn du bist!" Damit ergriff er mich und wollte mich wegziehen.

Ich riss mich los und entgegnete: „Ein Greenhorn soll ich sein? Widerruft das augenblicklich, Mr Rattler, sonst schmettere ich Euch zu Boden!"

„Ihr mich?", lachte er. „Dieses Greenhorn ist wirklich so albern zu glauben, dass ..."

Er konnte nicht weiterreden, denn ich schlug ihm mit der Faust an die Schläfe, sodass er steif wie ein Sack niederstürzte und betäubt liegen blieb.

Einige Sekunden herrschte tiefes Schweigen. Dann rief einer von Rattlers Kameraden: „Zum Teufel! Sollen wir ruhig zusehen, wie so ein dahergelaufener Kerl unseren Anführer schlägt? Drauf auf den Halunken!" Damit sprang er auf mich zu.

Doch ich empfing ihn mit einem Fußtritt in die Magengegend. Der Angreifer ging zu Boden. Im gleichen Moment kniete ich über ihm und gab auch ihm einen betäubenden Fausthieb an die Schläfe. Dann sprang ich schnell auf, riss meine beiden Revolver aus dem Gürtel und rief: „Wer noch? Kommt nur heran! Mit zwölf Westmännern wie Euch nehme ich es allemal auf!"

Sofort stellten sich Sam Hawkens, Dick Stone und Will Parker an meine Seite und Sam Hawkens sagte: „Auch ich warne Euch! Dieses Greenhorn steht unter meinem ganz besonderen Schutz, wenn ich mich nicht irre! Wer es wagen sollte, ihm nur ein Haar zu krümmen, dem schieße ich sofort ein Loch durch die Figur. Ist mein voller Ernst; könnt es Euch merken, hihihihi!"

Da ließen die Gegner von mir ab. Unter gemurmelten Flüchen kümmerten sie sich um die beiden Bewusstlosen.

White hatte mit großen Augen auf mich geblickt. Jetzt schüttelte er den Kopf und sagte: „Aber, Sir, das ist ja fürchterlich! In Eure Finger möchte ich auf keinen Fall geraten. Man sollte Euch wahrhaftig Shatterhand nennen, weil Ihr einen Menschen mit einem einzigen Fausthieb niederschmettert. So etwas habe ich noch nie gesehen."

Dieser Vorschlag schien dem kleinen Sam Hawkens zu gefallen. Er kicherte fröhlich: „Shatterhand, hihihihi! Ein Greenhorn – und schon einen Kriegsnamen! Ja, wenn Sam Hawkens seine Augen auf ein Greenhorn wirft, so kommt etwas dabei heraus, wenn ich mich nicht irre. Shatterhand, Old Shatterhand! Stark wie ein Bär."

3. Bisons und Mustangs

Sam Hawkens und ich begleiteten White auf dem Rückweg zu seiner Abteilung. Zu Mittag machten wir an einem Weiher Halt. Dann ritt White mit seinem Scout weiter, während Sam und ich noch ein Weilchen liegen blieben, bevor auch wir uns aufmachten, um zu unseren Leuten zurückzukehren.

Wir schlugen einen anderen Weg ein als auf dem Hinritt. Dabei kamen wir in ein ziemlich breites, mit saftigem Gras bewachsenes Tal. Plötzlich sahen wir in einiger Entfernung eine Gruppe von etwa zwanzig Bisons.

Bald waren wir bis auf ungefähr vierhundert Schritt an die Büffel herangekommen, ohne dass sie uns bemerkt hatten. Sam Hawkens hielt sein Pferd an und flüsterte mir zu: „Bleibt hier und drückt Euch mit dem Pferd ins Gesträuch! Wagt es ja nicht, diese Stelle zu verlassen, ehe ich Euch rufe!"

Er wartete, bis ich mich zwischen zwei Büsche gedrückt hatte, und ritt dann langsam weiter. Erst, als er sich den Bisons bis auf dreihundert Schritt genähert hatte, gab er seinem Pferd die Sporen. Er galoppierte auf die Herde zu und an einem mächtigen, im Gras ruhenden Bullen vorbei, um an eine junge Kuh heranzukommen, die er mir vorher gezeigt hatte.

Ich sah, dass er im Vorüberjagen auf sie schoss. Sie zuckte zusammen und senkte den Kopf. Ob sie zusammenbrach, sah ich nicht, denn mein Auge wurde durch einen anderen Anblick gefesselt: Der Riesenbulle war aufgesprungen und stierte zu Sam Hawkens hinüber. Was für ein mächtiges Tier!

Wollte ich meine Kräfte mit den seinen messen oder ging einfach mein Pferd mit mir durch? Ich weiß es nicht. Mein Rotschimmel stürmte los und jagte geradewegs auf die drohenden Hörner zu. Unter Aufbietung aller Kräfte gelang es mir, mein Pferd ein wenig in eine andere Richtung zu lenken; es flog in einem weiten Satz über den Bullen hinweg. Um Haaresbreite stießen die Büffelhörner an meinem Bein vorbei. Unser Sprung führte geradewegs in eine Schlammlache hinein, in der der Büffel sich vorhin gewälzt hatte. Das Pferd glitt aus und wir stürzten. Doch schon stand ich wieder aufrecht und legte mein Gewehr an. Der Bison bot mir die Flanke. Ich feuerte in schneller Folge zwei Kugeln auf ihn ab. Er hob langsam den Kopf, stieß ein mir durch alle Glieder gehendes Brüllen aus, wankte einige Male und brach dann zusammen.

Ich hätte vor Freude über diesen Sieg hell aufjubeln mögen, hatte aber Notwendigeres zu tun: Mein Pferd lief ohne Reiter nach rechts. Und in einiger Entfernung sah ich Sam Hawkens davongaloppieren, verfolgt von einem Büffel, der nicht viel kleiner war als mein Bulle. Um ihm zu entgehen, musste Hawkens die gewagtesten Wendungen vollführen. Schnell lud ich beide Läufe meines Bärentöters und rannte dann zu Sam hinüber. Da sah ich, dass der Büffel die Hörner senkte.

Mit einem Stoß hob er das Pferd samt dem Reiter empor und warf sie zu Boden. Sam schrie aus Leibeskräften um Hilfe. Ich war wohl noch hundertfünfzig Schritt entfernt; doch ich durfte keinen Augenblick zögern. Der Schuss wäre zwar aus größerer Nähe sicherer gewesen, aber wenn ich zauderte, konnte Sam verloren sein. Ich blieb also stehen, zielte hinter das linke Schulterblatt und schoss.

Der Büffel hob den Kopf mit einer Bewegung, als ob er horchen wolle, und drehte sich langsam um. Da sah er mich und kam auf mich zugerannt. Es glückte mir, den abgeschossenen Lauf mit fiebriger Eile wieder zu laden.

Die Bewegungen des angeschossenen Bisons waren nur noch langsam. Mit gesenktem Kopf und blutunterlaufenen Augen kam er auf mich zu wie ein unaufhaltsames, schweres Verhängnis. Da kniete ich mich hin, legte das Gewehr an und schickte eine Kugel in das rechte und die andere in das linke Auge – ein kurzes Zittern ging durch den Leib, dann stürzte die Bestie zu Boden.

„Hallo!", rief ich Sam zu. „Seid Ihr schwer verletzt?"

„Gar nicht", antwortete er. „Nur die rechte Hüfte tut mir vom Sturz weh."

„Und Euer Pferd?"

„Mein Pferd hat es erwischt. Der Büffel hat ihm den ganzen Leib aufgerissen. Ist er tot?"

Gemeinsam untersuchten wir das Tier. Als wir uns überzeugt hatten, dass kein Leben mehr in ihm war, sagte Hawkens mit einem tiefen Atemzug: „Hat mir dieser alte, brutale Ochse zu schaffen gemacht! Wenn Ihr nicht gewesen wärt, läge ich jetzt ebenso zerstochen und zerfetzt dort wie mein Pferd."

„Ja. Wo werdet Ihr nun ein anderes Pferd herbekommen?", fragte ich.

„Das ist mein geringster Kummer. Ich fange mir eins, wenn ich mich nicht irre."

„Einen Mustang?"

„Ja. Die Büffel haben ihre Wanderung nach Süden angetreten; da werden sich auch bald die Mustangs sehen lassen – ich kenne das. Aber nun lasst uns den alten Bullen ansehen, den Ihr zuerst geschossen habt."

Wir gingen zu dem toten Koloss hinüber. Sam blickte zwischen dem Bullen und mir hin und her, zog ein seltsames Gesicht, schüttelte den Kopf und meinte: „Es ist unerklärlich, ganz und gar unerklärlich! Wisst Ihr, wo Ihr ihn getroffen habt?"

„Nun, wo?"

„Genau an der richtigen Stelle. Es ist ein uralter Kerl, und ich hätte es mir gewiss zehnmal überlegt, ehe ich so verwegen gewesen wäre, mich mit ihm anzulegen. Ihr seid der leichtsinnigste Mensch, den es gibt. Ich hatte Euch doch befohlen, in den Büschen zu bleiben. Warum habt Ihr mir nicht gehorcht?"

„Vielleicht, weil ich mir nichts befehlen lasse."

„Und wenn Ihr mir schon nicht folgen wolltet, warum habt Ihr Euch da ausgerechnet dieses Riesenvieh und nicht eine Kuh ausgesucht?"

„Weil es ritterlicher war."

„Ritterlicher! Dieses Greenhorn will den Ritter spielen, wenn ich mich nicht irre!" Er lachte, dass er sich den Bauch halten musste. Dann fuhr er, noch immer lachend, fort: „Wenn ein richtiger Westmann etwas tut, so fragt er nicht, ob es ritterlich, sondern ob es nützlich für ihn ist."

„Das ist doch hier der Fall. Dieser Büffel hat ja viel mehr Fleisch als eine Kuh."

Hawkens sah mich einen Moment verständnislos an und rief dann aus: „Viel mehr Fleisch? Ihr habt den Bullen des Fleisches wegen geschossen, hihihihi! Ich glaube gar, Ihr habt an meinem Mut gezweifelt, weil ich es nur auf eine Kuh abgesehen hatte?"

„Das nicht, obgleich ich es für mutiger hielt, sich ein starkes Tier auszuwählen."

„Und Bullenfleisch zu essen? Was seid Ihr doch für ein ausnehmend kluger Mensch, Sir! Dieser Bulle hat sicher seine achtzehn bis zwanzig Jahre auf dem Rücken. Sein

Fleisch ist so hart wie gegerbtes Leder. Selbst wenn Ihr es tagelang bratet, werdet Ihr es doch nie kauen können. Jeder erfahrene Westmann zieht eine Kuh dem Ochsen vor, weil ihr Fleisch zarter und saftiger ist. Da seht Ihr nun wieder, was für ein Greenhorn Ihr seid. Wie hat sich denn Euer leichtsinniger Angriff auf den Büffel abgespielt?"

Ich erzählte es ihm. Als ich fertig war, maß er mich mit großen Augen, schüttelte abermals den Kopf und forderte mich auf: „Geht und holt Euer Pferd!"

Als ich das Pferd brachte, kniete Sam bei der von ihm erlegten Büffelkuh, hatte von dem einen Hinterschenkel kunstgerecht das Fell entfernt und schälte nun die Lende heraus. „So", sagte er, „das gibt für heute Abend einen Braten, wie wir lange Zeit keinen gegessen haben. Diese Lende ist bloß für Euch, Will, Dick und mich. Wenn die anderen auch etwas wollen, mögen sie hierherreiten und sich die Kuh holen."

„Wenn sie nicht inzwischen von Aasvögeln und anderen wilden Tieren weggefressen wird."

„So? Wie klug Ihr da wieder seid! Es versteht sich ganz von selbst, dass wir sie mit Zweigen bedecken und dann Steine darauflegen."

Als wir zu Fuß im Lager eintrafen, erregten wir großes Aufsehen.

„Haben Büffel gejagt und mein Pferd ist dabei von einem Bullen aufgeschlitzt worden", erklärte Sam Hawkens.

„Büffel gejagt!", riefen alle. „Wo denn, wo?"

„Eine gute halbe Stunde von hier. Haben uns die Lende mitgebracht. Könnt Euch das Übrige holen."

„Das werden wir. Ja, das werden wir!", rief Rattler.

„Ihr werdet, wenn Ihr hinkommt, noch zwei alte Bullen sehen, auf die dieser junge Gentleman geschossen hat."

„Bullen, alte Bullen!", rief es rundum. „Auf zwanzigjährige Bullen zu schießen, was für eine Dummheit!"

„Seht Euch die Bullen nachher an! Ich sage Euch, dass er mir dadurch das Leben gerettet hat."

„Das Leben? Wieso?"

„Habe keine Lust, jetzt darüber zu reden. Holt Euch lieber das Fleisch, bevor die Sonne untergegangen ist."

Er hatte recht: Die Sonne stand bereits tief, bald würde die Dämmerung einsetzen. Und so ritt die ganze Gesellschaft außer Dick Stone, Will Parker und uns beiden los.

Am nächsten Morgen kam Sam zu mir und sagte: „Lasst Eure Instrumente ruhig liegen, Sir. Es gibt etwas zu tun, was interessanter ist. Wir reiten aus."

Ich machte Bancroft die nötige Mitteilung. Dann ritten wir fort. Sam, der sich das Pferd von Dick Stone ausgeliehen hatte, tat sehr geheimnisvoll. Bald hatten wir die Prärie erreicht. Plötzlich ließ Sam sein Pferd halten. Er stieg ab, um eine Stelle, an der das Gras etwas niedergedrückt war, sorgfältig zu untersuchen. Nach einigen Minuten schwang er sich wieder in den Sattel und ritt wortlos weiter, bis wir an ein Gebüsch kamen, das uns Deckung bot. Hier stieg er abermals ab und forderte mich auf: „Steigt auch ab, Sir, und bindet Euer Pferd fest an! Wir warten hier."

„Warum fest anbinden?", fragte ich.

„Weil Ihr es sonst leicht verlieren könntet. Habe wiederholt gesehen, dass die zahmen Pferde, wenn sie nicht fest angebunden werden, gern mit den wilden Mustangs durchgehen, wenn diese vorbeipreschen."

„Stammte die Spur, die Ihr vorhin so genau untersucht habt, denn von Mustangs?"

„Ja. Es war ein Vortrab, wisst Ihr, so eine Art Kundschafterabteilung. Diese Tiere sind nämlich ungeheuer klug. Sie senden immer kleine Trupps voraus und nach den Seiten. Außerdem haben sie ihre Offiziere, genau wie beim Militär. Ich habe Euch schon beschrieben, wie man einen Mustang mit dem Lasso fängt. Nun könnt Ihr die Probe machen, ob Ihr diese Kunst auch im Ernstfall beherrscht. Solltet Ihr ein Pferd fangen, könnt Ihr es ja wieder freilassen. Ich hingegen brauche eines und werde es mir holen. Also merkt Euch noch einmal: Ihr müsst fest im Sattel sitzen und Euer Pferd gut einstemmen, damit es auch dann standfest bleibt, wenn sich das Lasso strafft und der Ruck erfolgt. Wenn Ihr das nicht tut, werdet Ihr umgerissen, der Mustang rennt davon und zieht Euer Pferd am Lasso mit sich fort. Aber seht!" Er deutete auf eine Anhöhe in einiger Entfernung.

Dort war ein einzelnes Pferd erschienen, das langsam und ohne zu grasen vorwärtslief. Dabei warf es den Kopf bald auf diese, bald auf jene Seite und sog die Luft durch die Nüstern ein. Dann war es plötzlich wieder verschwunden.

„Nun ist es zurückgelaufen, um seinem vierbeinigen General zu melden, dass die Luft rein ist. Da hat es sich aber getäuscht, hihihihi! Ich wette, in höchstens zehn Minuten sind sie da. Passt auf: Ihr reitet jetzt schnell bis da hinten hin und wartet dort. Ich aber verstecke mich dort drüben im Wald. Von da müssen die Mustangs kommen. Ich lasse die Herde vorüberziehen, um dann hinter ihr herzujagen. Sie wird in Eure Richtung fliehen. Wenn sie Euch fast erreicht hat, lasst Ihr Euch sehen. Dann wird sie wieder in meine Richtung laufen. So treiben wir sie zwischen uns hin und her, bis wir die zwei besten Pferde ausgewählt haben. Die fangen wir. Ich suche mir das bessere aus, das andere lassen wir laufen."

Wir stiegen wieder auf und verteilten uns so, wie er gesagt hatte. Nun wartete ich mit Spannung auf das Erscheinen der Pferde. Ich hielt am Rand des Waldes, an den die Prärie stieß, band das eine Ende des Lassos am Sattelknauf fest und legte das Seil dann in Schlingen so vor mich hin, dass ich nur danach zu greifen brauchte.

Ich war noch keine Viertelstunde an meinem Platz, als ich in der Ferne eine Menge von dunklen Punkten sah, die schnell an Größe gewannen. Es waren die Mustangs, die in wilder Jagd auf mich zugesprengt kamen. Welch einen Anblick boten diese herrlichen Tiere! Die Mähnen wehten um ihre Hälse und die Schwänze flogen wie Federbüsche im Wind. Die Erde schien unter ihren Hufen zu zittern. Allen voran galoppierte ein Schimmelhengst, ein prächtiges Tier, das man sich hätte fangen mögen. Aber es wird keinem Präriejäger einfallen, einen Schimmel zu reiten. So ein helles Tier würde ihn jedem Feind schon von Weitem verraten.

Jetzt war es Zeit, mich ihnen zu zeigen. Ich lenkte mein Pferd unter den Bäumen heraus ins Freie. Der Leithengst prallte zurück, als ob er eine Kugel in den Leib bekommen hätte. Die Herde hielt an und ein lautes, ängstliches Schnauben ertönte. Dann jagten die Tiere dahin zurück, woher sie gekommen waren.

Die Pferde hatten nur einen kurzen Augenblick vor mir gehalten, und doch war es mir so vorgekommen, als ob eines von diesen Tieren kein Pferd, sondern ein Maultier sei. Dieses hatte sich in der vordersten Reihe, und zwar gleich hinter dem Leitschimmel befunden. Es war also von den Pferden nicht nur als ihresgleichen anerkannt, sondern es nahm sogar einen gewissen Rang unter ihnen ein.

Jetzt kam die Herde wieder und kehrte bei meinem Anblick abermals um. Während ich den Tieren folgte, sah ich, dass ich mich nicht geirrt hatte: Es war ein Maultier unter ihnen, hellbraun und mit dunklem Rückenstreifen. Trotz des großen Kopfes und der langen Ohren war es ein schönes Tier. Maultiere sind genügsamer als Pferde und haben vor allem im Gebirge einen viel sichereren Tritt. Freilich sind sie auch störrisch.

Ich nahm mir vor, dieses feurig und intelligent wirkende Tier zu fangen. Wahrscheinlich war es seinem Besitzer beim Vorüberjagen einer wilden Pferdeherde weggelaufen und dann bei den Mustangs geblieben.

Sam und ich trieben die Herde wie vereinbart zwischen uns hin und her. Inzwischen waren wir einander so nahe gekommen, dass die Mustangs weder vor noch zurück konnten. Sie brachen seitlich aus. Wir folgten ihnen. Das Maultier jagte an der Seite des Schimmels dahin.

„In die Mitte nehmen – ich links, Ihr rechts!“, rief Sam mir zu.

Wir gaben unseren Pferden die Sporen. Nun hatten wir den Waldrand erreicht. Vor dem Gehölz scheuten die Mustangs, die als Fluchttiere weites Feld brauchen, zurück. Sie kehrten also wieder um und wollten zwischen uns hindurchlaufen. Um das zu verhindern, jagten Sam und ich schnell aufeinander zu. Da stob die Herde nach allen Seiten auseinander. Der Schimmel und das Maultier schossen, von den anderen abgesondert, geradeaus weiter. Wir galoppierten ihnen nach.

Jetzt war Sam dem Maultier so nahe gekommen, dass er sein Lasso warf. Die Schlinge fiel richtig; sie legte sich um den Hals des Tiers. Nun musste Sam anhalten und sein Pferd nach hinten ziehen, um den Ruck abfangen zu können, wenn das abgelaufene Lasso sich straff spannte. Er tat dies auch, aber einen Augenblick zu spät. Sein Pferd hatte sich noch nicht umgedreht, noch nicht eingestemmt und wurde von dem gewaltigen Ruck umgerissen. Sam Hawkens flog, einen wundervollen Purzelbaum schlagend, weit durch die Luft und auf die Erde herab.

Das Pferd raffte sich rasch wieder auf und rannte weiter. Dadurch verlor das Lasso seine Spannung; das Maultier, das nicht umgerissen worden war, bekam Luft und galoppierte ebenfalls davon. Da Sam das Lasso am Sattelknauf befestigt hatte, riss das fliehende Maultier das Pferd mit sich.

Sofort trieb ich meinen Rotschimmel an und jagte dem Maultier nach, das nun mit dem Pferd in Konflikt kam. Das eine wollte hierhin, das andere dorthin. Weil sie aber mit dem Lasso zusammenhingen, hielten sie einander auf und ich konnte sie einholen. Ich griff nach dem Seil, das die beiden Tiere verband, wickelte es mir einige Male um die Hand und war nun sicher das Maultier bändigen zu können. Zunächst ließ ich es weiterlaufen und galoppierte mit den beiden Pferden hinterdrein, zog aber den Riemen nach und nach kräftiger an, sodass die Schlinge sich immer mehr verengte. Dabei konnte ich das Tier ganz leidlich lenken. Ich brachte es durch scheinbares Nachgeben so weit, dass es in einem Bogen dahin zurückkehrte, wo Sam Hawkens stand. Dort zog ich die Schlinge plötzlich so stark an, dass dem Maultier der Hals zugeschnürt wurde und es zu Boden stürzte.

„Wartet, bis ich den Racker im Griff habe, und lasst dann los!“, rief Sam. Er sprang hinzu und stellte sich, obwohl das auf dem Boden liegende Tier mit den Beinen um sich schlug, dicht neben dasselbe.

„Jetzt!“, sagte er.

Ich ließ das Lasso los. Das Maultier bekam Luft und sprang auf. Ebenso schnell hatte sich Sam auf seinen Rücken geschwungen. Es blieb einige Augenblicke bewegungslos stehen, wie vor Schreck erstarrt. Dann aber bäumte es sich auf – erst vorn, dann hinten. Als das nichts half, sprang es mit allen vieren auf die Seite und machte einen Katzenbuckel, aber der kleine Sam saß fest.

„Bringt mich nicht herunter!“, rief er mir zu.

Aber da hatte er sich geirrt, denn das Maultier warf sich plötzlich nieder und wälzte sich. Wenn Sam nicht Gefahr laufen wollte, sich alle Rippen zu brechen, musste er aus dem Sattel. Ich sprang hinzu, ergriff das am Boden schleifende Lasso wieder und schlang es schnell zweimal um den Stamm eines nahen Busches.

Jetzt hatte das Maultier seinen Reiter abgestreift und sprang auf. Es wollte fortstürmen, wurde aber vom Lasso festgehalten und stürzte abermals zu Boden.

Sam Hawkens hatte sich aufgerappelt, betastete sich die Rippen und die Schenkel, zog ein Gesicht, als ob er Sauerkraut mit Pflaumenmus gegessen hätte, und sagte: „Lasst die Bestie laufen; die bändigt kein Mensch.“

„Wartet's ab! Sie wird gehorchen müssen!“ Ich wickelte das Lasso von dem Stamm los und stellte mich mit weit gespreizten Beinen über das Tier. Sobald ich die Lassoschlinge locker ließ und das Tier wieder Luft bekam, sprang es auf. Jetzt kam es vor allen Dingen auf den kräftigen Schenkeldruck an und da war ich Sam wohl überlegen. Während das Maultier mich abzuwerfen versuchte, nahm ich das Lasso auf, das vom Hals herabhing, raffte es zusammen und zog an, sobald ich bemerkte, dass sich das Tier niederwerfen wollte. Dadurch und durch den Druck meiner Schenkel wurde es auf den Beinen gehalten. Es war ein böser Kampf – Kraft gegen Kraft. Ich begann aus allen Poren zu schwitzen; aber das Maultier schwitzte noch weit mehr. Vor seinem Maul bildete sich Schaum. Seine Bewegungen wurden immer schwächer und sein wütendes Schnauben ging in ein kurzes Husten über. Dann endlich verließen es die Kräfte. Es brach unter mir zusammen und blieb bewegungslos liegen. Ich holte tief Atem. Mir war, als ob in meinem Körper alle Sehnen und Bänder zerrissen wären.

„Donnerwetter, was seid Ihr für ein Mensch!“, rief Sam. „Ihr habt ja mehr Kräfte als das Tier! Könntet Ihr Euer Gesicht sehen, so würdet Ihr erschrecken. Eure Augen sind herausgetreten, Eure Lippen geschwollen und Eure Wangen förmlich blau!“

„Das glaube ich Euch. Wie steht es denn mit Euren Rippen und den anderen Knöchelchen?“

„Weiß nicht. Werde sie nachher einmal zusammensuchen und zählen, sobald mir besser ist. Jetzt klappern sie mir überall im Leib herum.“

Wir zogen das Maultier in den Stand. Es sträubte sich nicht, als wir ihm den Sattel aufschnallten und den Zaum anlegten. Und als Sam aufgestiegen war, gehorchte es dem Zügel so willig wie ein zugerittenes Pferd.

„Sein früherer Herr muss ein guter Reiter gewesen sein“, meinte Sam. „Wisst Ihr, wie ich es nennen werde?“

„Nun?“

„Mary. Habe schon einmal ein Maultier besessen, das Mary hieß.“

„Also das Maultier Mary und das Gewehr Liddy.“

„Ja. Sind zwei allerliebste Namen, nicht? Und nun muss ich Euch bitten, mir einen großen Gefallen zu tun.“

„Gern. Welchen?“

„Sprecht nicht über das, was hier geschehen ist.“

„Aber das versteht sich doch von selbst. Schließlich seid Ihr mein Lehrer und mein Freund.“

Da wurden seine kleinen, listigen Äuglein feucht und er rief begeistert aus: „Ja, Euer Freund bin ich, Sir, und wenn ich wüsste, dass Ihr für mich auch ein klein wenig Zuneigung empfindet, so wäre das für mein altes Herz eine große, aufrichtige Freude und Wonne.“

Wir saßen auf und ritten heimwärts. Unterwegs sagte Sam: „Waren zwei böse Tage für mich – für Euch aber sehr ehrenvoll, wenn Ihr auch leichtsinnig wart gestern. Ihr seid noch unerfahren und habt die Bisons unterschätzt. Nehmt Euch in Zukunft mehr in Acht! Die Büffeljagd ist höchst gefährlich. Nur eines ist noch gefährlicher.“

„Was?“

„Die Jagd auf den Grizzly, den grauen Bären der Felsengebirge. Wenn so ein Grizzly sich aufrichtet, ist er größer als Ihr. Mit einem einzigen Biss verwandelt er Euren Kopf in Knochenbrei. Und wenn er einmal angegriffen und in Wut versetzt wurde, so ruht er nicht, bis er seinen Feind zerrissen und vernichtet hat.“

4. Der Grizzly

Am nächsten Morgen verlegten wir unser Lager ein Stück weiter entlang der zu vermessenden Strecke – dorthin, wo Sam und ich auf die Büffel getroffen waren. Hawkens, Stone und Parker beteiligten sich nicht daran, denn Sam wollte seine neue Mary zureiten und die beiden anderen begleiteten ihn.

Wir Ingenieure brachten zunächst die Messstangen an, wobei uns einige der sogenannten Westmänner halfen. Ihr Anführer Rattler schlenderte währenddessen mit den übrigen tatenlos in der Umgebung herum. Dabei kamen wir und auch er der Stelle näher, an der ich die beiden Büffel erlegt hatte. Zu meinem Erstaunen bemerkte ich, dass der alte Bulle nicht mehr da war. Wir gingen hin und sahen, dass eine breite Schleifspur zu den Büschen führte.

„Alle Wetter! Ist so etwas möglich?", rief Rattler aus. „Als wir das Fleisch holten, habe ich die beiden Bullen doch genau untersucht und sie für tot gehalten. Doch dieser hier hat offenbar noch Leben in sich gehabt. Wollen gleich einmal nachschauen."

Er folgte mit seinen Leuten der Spur, während ich mich wieder meiner Beschäftigung zuwandte. Doch ich hatte noch nicht zur Messstange gegriffen, als aus dem Gebüsch ein vielstimmiges Angstgeschrei erscholl; zwei, drei Schüsse krachten. Dann hörte ich Rattler rufen: „Schnell auf die Bäume, sonst seid ihr verloren! Er kann nicht klettern."

In dem Moment kam einer seiner Männer aus dem Gebüsch gesprungen.

„Was ist los?", rief ich ihm zu.

„Ein Grizzly!", keuchte er im Vorbeilaufen.

Zugleich schrie eine grausige Stimme: „Zu Hilfe, zu Hilfe! Er hat mich erwischt! Oh, oh!“ In dieser Weise brüllt ein Mensch nur dann, wenn er den offenen Rachen des Todes vor sich gähnen sieht. Der Mann befand sich in höchster Gefahr!

Ich hatte mein Gewehr beim Zelt gelassen, weil es mich bei der Arbeit behinderte, und war daher nur mit meinem Messer und den beiden Revolvern bewaffnet. Dennoch sprang ich ins Gebüsch und folgte der Schleifspur bis dahin, wo die Bäume begannen. Dorthin hatte der Bär den Bullen geschleppt.

Es war eine verzwickte Situation: Hinter mir riefen die Ingenieure durcheinander, die zum Zelt liefen, um ihre Waffen zu holen; vor mir schrien die Westmänner und dazwischen ertönte das unbeschreibliche Schmerzgeheul des armen Menschen, den der Bär in seinen Tatzen hatte.

Nun war ich da. Vor mir lag der vollständig zerfleischte Leib des Bisons. Von rechts und links schrien mir die Westmänner zu, die sich rasch auf die Bäume geflüchtet hatten und sich dort ziemlich sicher fühlten. Geradeaus, jenseits der Büffelleiche, hatte einer der Westmänner einen Baum erklimmen wollen, war aber von dem Bären dabei überrascht worden. Er lag mit dem Oberkörper auf dem untersten Ast, und der Grizzly, der sich hoch aufgerichtet hatte, wühlte ihm mit den Vorderpranken in den Schenkeln und dem Unterleib herum.

Ich raffte eins der weggeworfenen Gewehre auf. Es war leider abgeschossen. Ich drehte es um, sprang über den Büffel hinweg und versetzte dem Bären einen Kolbenhieb gegen den Schädel. Lächerlich! Das Gewehr zersplitterte wie Glas in meinen Händen. Aber ich schaffte es doch, den Grizzly von seinem Opfer abzulenken. Er drehte den Kopf, als ob er über meinen dummen Angriff verwundert sei. Während er mich mit seinen kleinen Augen maß, schien er zu überlegen, ob er bei seinem bisherigen Opfer bleiben oder mich angreifen sollte. Ich riss den einen der beiden Revolver aus dem Gürtel, sprang ganz nahe an den Bären heran und schoss ihm in die Augen.

Das geblendete Raubtier ließ rasch vom Baum ab und warf sich dahin, wo ich mich einen Moment vorher befunden hatte. Aber ich war schon weg, und nun begann der Bär unter giftigem Fauchen und wütenden Tatzenschlägen nach mir zu suchen. Er gebärdete sich wie wahnsinnig, drehte sich immer wieder um sich selbst, konnte mich aber nicht erwischen.

Endlich setzte er sich auf den Boden, richtete sich in dieser Stellung auf und fuhr sich schnaubend und zähnefletschend mit den Vordertatzen über die Augen. Schnell stand ich neben ihm, holte aus und stieß ihm das Messer zweimal zwischen die Rippen. Er schlug augenblicklich nach mir, aber ich war bereits zur Seite gesprungen. Ich hatte das Herz nicht getroffen und das Suchen nach mir begann von Neuem – dieses Mal mit doppelter Wut. Dies dauerte wohl zehn Minuten lang. Der Bär verlor dabei viel Blut und wurde sichtlich matt. Dann setzte er sich wieder aufrecht hin, um sich nach den Augen zu langen. Dies gab mir Gelegenheit zu zwei weiteren, schnell aufeinanderfolgenden Messerstößen. Diesmal traf ich besser. Der Grizzly sank nach vorn, machte taumelnd und fauchend einige Schritte und wollte sich dann abermals aufrichten. Aber dazu hatte er nicht mehr die Kraft. Er fiel hin und rollte einige Male hin und her, bis er schließlich ruhig liegen blieb.

„Gott sei Dank!", schrie Rattler von seinem Baum herab. „Die Bestie ist tot. Das war eine schreckliche Gefahr!"

„Wüsste nicht, worin das Schreckliche für Euch liegen sollte", antwortete ich. „Ihr hattet ja sehr gut für Eure Sicherheit gesorgt. Jetzt könnt Ihr herunterkommen."

„Nein, nein, noch nicht. Untersucht vorher den Grizzly, ob er wirklich tot ist."

„Er ist tot."

„Das könnt Ihr nicht behaupten. Ihr habt gar keine Ahnung, was für ein zähes Leben so ein Vieh hat. Also untersucht ihn!"

„Für Euch etwa? Wenn Ihr wissen wollt, ob er noch lebt, so untersucht ihn selbst. Ihr seid ja ein berühmter Westmann, während ich nur ein Greenhorn bin."

Ich wandte mich nun seinem Kameraden zu, der noch immer an dem Baum hing. Er hatte zu heulen aufgehört und bewegte sich nicht mehr. Sein Gesicht war verzerrt und seine weit offenen Augen stierten glasig zu mir herab. Ich beherrschte mein Grauen und rief ihm zu: „Lasst los, Sir! Ich werde Euch herunterhelfen."

Er antwortete nicht und keine noch so kleine Bewegung verriet, ob er mich verstanden hatte. Ich bat seine Kameraden, von den Bäumen herabzusteigen und mir zu helfen. Aber diese berühmten „Westmänner" waren nicht eher dazu zu bewegen, als bis ich den Bären einige Male hin und her bewegt und ihnen dadurch bewiesen hatte, dass er wirklich tot war. Dann erst trauten sie sich herunter und halfen mir, den so grässlich Verstümmelten auf die Erde zu bringen. Dies war nicht einfach, denn seine Arme hielten den Baum so fest umschlungen, dass wir sie nur mit Anwendung von Gewalt lösen konnten. Er war tot.

Dieses schreckliche Ende schien seine Kameraden aber nicht im Geringsten zu berühren, denn sie wandten sich gleichgültig von ihm ab und dem Bären zu. Ihr Anführer sagte: „Jetzt hat sich das Blatt gewendet: Vorhin hat der Bär uns fressen wollen, nun wird er von uns gefressen werden. Rasch, ihr Leute, das Fell herunter, dass wir zu dem Schinken und den Tatzen kommen!"

Er zog sein Messer und kniete sich neben den Bären, um seinen Worten die Tat folgen zu lassen. Da aber erhob ich Einspruch: „Es wäre mutiger gewesen, wenn Ihr Euer Messer an ihm versucht hättet, als er noch am Leben war. Jetzt ist es dafür zu spät. Gebt Euch keine Mühe."

„Was?", fuhr er auf. „Wollt Ihr mich etwa daran hindern, mir einen Braten herunterzuschneiden?"

„Das will ich allerdings, Mr Rattler, denn ich habe den Bären erlegt."

„Das ist nicht wahr. Ihr werdet doch nicht behaupten wollen, dass ein Greenhorn einen Grizzly mit dem Messer töten kann! Wir haben auf ihn geschossen."

„Und Euch dann schleunigst auf die Bäume geflüchtet!"

„Aber unsere Kugeln haben getroffen; an ihnen ist er schließlich verendet, nicht an den paar Nadelstichen, die Ihr ihm mit Eurem Messer beigebracht habt, als er schon halb tot war. Der Bär gehört uns und wir machen mit ihm, was wir wollen. Verstanden?"

Er wollte sich an die Arbeit machen. Ich aber warnte ihn: „Lasst augenblicklich ab von dem Tier, Mr Rattler! Sonst werde ich Euch lehren, meine Worte zu achten!"

Da er trotzdem mit dem Messer in den Pelz des Bären fuhr, fasste ich ihn mit beiden Händen bei den Hüften, hob ihn in die Höhe und warf ihn an den nächsten Baum, dass es krachte. Ich war so zornig, dass es mir in diesem Augenblick ganz gleichgültig war, ob er sich dabei etwas brach. Noch während er durch die Luft flog, riss ich meinen zweiten, noch geladenen Revolver aus dem Gürtel.

Rattler richtete sich wieder auf, blitzte mich mit vor Wut funkelnden Augen an, zog sein Messer und rief: „Das sollt Ihr mir büßen! Ihr habt mich schon einmal geschlagen, und ich werde dafür sorgen, dass Ihr Euch nicht ein weiteres Mal an mir vergreifen könnt."

Er machte einen Schritt auf mich zu. Doch ich hielt ihm meinen Revolver entgegen und drohte: „Noch einen Schritt weiter und ich jage Euch eine Kugel in den Kopf! Weg mit dem Messer! Ich zähle bis drei: eins … zwei … und …"

Er hielt das Messer fest und ich hätte ihm wirklich in die Hand geschossen, um mir Respekt zu verschaffen. Doch in diesem Augenblick erscholl eine laute Stimme: „Seid Ihr verrückt? Was könnte es für einen guten Grund geben, dass Ihr einander Gewalt antut? Haltet ein!"

Wir blickten in die Richtung, aus der die Stimme kam, und sahen einen Mann hinter einem Baum hervortreten. Er war klein, hager und bucklig. Gekleidet war er nach indianischer Sitte. Sein von der Sonne verbranntes Gesicht war aber das eines Weißen. Das dunkle Haar hing ihm bis auf die Schultern herab. Bewaffnet war er nur mit einem Gewehr und einem Messer.

Rattler gehörte zu jenen unverständigen Menschen, die über den körperlichen Mangel anderer spotten. Als er den Ankömmling erblickte, rief er lachend aus: „Hallo, was kommt denn da für eine Missgeburt gelaufen?! Darf es denn hier im schönen Westen auch solche Leute geben?"

Der Fremde maß ihn von unten bis oben und antwortete in ruhigem, überlegenem Ton: „Dankt Gott, wenn Ihr gesunde Glieder habt! Übrigens kommt es nicht auf den Körper, sondern auf das Herz und den Geist an, und da brauche ich den Vergleich mit Euch wohl nicht zu scheuen."

Er machte eine geringschätzige Bewegung mit der Hand und wandte sich dann an mich: „Habt Ihr Kraft in den Knochen, Sir! Einen so schweren Menschen so weit durch die Luft fliegen zu lassen, das macht Euch so leicht niemand nach."

Dann stieß er den Grizzly mit dem Fuß an und fuhr in bedauerndem Ton fort: „Also das ist der Kerl, den wir haben wollten. Wir sind zu spät gekommen; das ist schade!"

„Ihr redet in der Mehrzahl, Sir?", fragte ich. „Wer ist denn bei Euch?"

„Werde es Euch sagen, wenn ich erfahren habe, wer Ihr seid. Hier kann man nicht vorsichtig genug sein."

„Wir sind Vermessungsingenieure, Sir", erklärte ich ihm.

„Aha. Und Ihr seid in dieser Gegend tätig?"

„Ja."

„Was vermesst Ihr denn da?"

„Eine neue Eisenbahnstrecke."

Sein Gesicht wurde ernst. „So habt Ihr das Land gekauft?"

Ich antwortete: „Ich bin nur mit dem Vermessen beauftragt. Um das Übrige kümmere ich mich nicht."

„Hm, ja! Denke aber, Ihr wisst trotzdem sehr wohl, dass der Boden, auf dem Ihr Euch hier befindet, den Mescalero-Apachen gehört. Und ich weiß mit Sicherheit, dass sie dieses Land weder verkauft noch sonst in irgendeiner Weise an jemanden abgetreten haben."

„Was geht das Euch an?", rief ihm da Rattler zu. „Kümmert Euch um Eure eigenen Angelegenheiten!"

„Das tue ich, Sir, denn ich bin ein Mescalero-Apache."

„Ihr? Dass ich nicht lache! Man müsste ja blind sein, um Euch nicht anzusehen, dass Ihr ein Weißer seid."

„Und doch irrt Ihr Euch! Richtet Euch nicht nach meiner Hautfarbe, sondern nach meinem Namen! Ich werde Klekih-petra genannt." Das bedeutet, wie ich heute weiß, in der Sprache der Apachen so viel wie „Weißer Vater".

Klekih-petra rief ein Indianerwort, worauf zwei überaus interessante Gestalten erschienen, die langsam und würdevoll auf uns zukamen. Es waren Indianer, und zwar, wie man gleich auf den ersten Blick sah, Vater und Sohn.

Der Ältere war von etwas mehr als mittlerer Gestalt, dabei sehr kräftig gebaut. Seine Haltung hatte etwas Edles und aus seinen Bewegungen konnte man auf große körperliche Gewandtheit schließen. Sein Auge besaß den Ausdruck einer stillen, inneren Sammlung. In seinem dunklen, unbedeckten Haar steckte eine Adlerfeder – das Zeichen der Häuptlingswürde. In der Hand hielt er ein doppelläufiges Gewehr, dessen Holzteile dicht mit silbernen Nägeln beschlagen waren.

Der Jüngere war genauso bewaffnet wie sein Vater. Auch er trug den Kopf unbedeckt, aber ohne sein langes Haar mit einer Feder zu schmücken. Sein Gesicht war fast noch edler als das seines Vaters und von einem matten Hellbraun mit einem Bronzehauch. Er war ungefähr in meinem Alter. Schon jetzt, da ich ihn zum ersten Mal erblickte, machte er einen tiefen Eindruck auf mich. Wir betrachteten einander mit einem langen, forschenden Blick, und dann glaubte ich zu bemerken, dass in seinen ernsten, dunklen Augen für einen kurzen Moment ein freundliches Licht aufglänzte – wie ein Gruß, den die Sonne durch eine Wolkenöffnung auf die Erde sendet.

„Das sind meine Freunde und Begleiter“, sagte Klekih-petra, indem er erst auf den Vater und dann auf den Sohn deutete. „Dies ist Intschu tschuna, der große Häuptling der Mescaleros, der auch von allen übrigen Apachenstämmen als Häuptling anerkannt wird. Sein Name bedeutet ‚Gute Sonne‘. Und hier steht sein Sohn Winnetou, der trotz seiner Jugend schon mehr kühne Taten vollbracht hat als sonst zehn alte Krieger in ihrem ganzen Leben. Sein Name wird einst gerühmt werden, so weit die Savannen und die Felsengebirge reichen.“

Das klang überschwänglich, war aber, wie ich später erfuhr, nicht zu viel gesagt.

Rattler lachte höhnisch auf und rief: „So ein junger Kerl und soll schon solche Taten begangen haben? Ich sage mit Absicht ‚begangen‘, denn was er ausgeführt hat, werden doch nur Diebereien und Spitzbübereien gewesen sein. Man kennt das schon: Alle Roten stehlen und rauben.“

Dies war eine schwere Beleidigung. Die drei Fremden taten aber so, als ob sie sie nicht gehört hätten. Sie traten zu dem Bären.

Klekih-petra bückte sich und untersuchte ihn. „Er ist an den Messerstichen und nicht an einer Kugel gestorben“, wandte er sich dann an mich.

„Das wird sich zeigen“, sagte Rattler. „Was versteht so ein buckliger Schulmeister von der Bärenjagd? Wenn wir dem Tier das Fell abgezogen haben, werden wir ganz deutlich sehen, welche Wunde tödlich gewesen ist. Von einem Greenhorn lasse ich mich nicht um mein Recht betrügen.“

Da betastete auch Winnetou den Bären und fragte dann: „Wer hat dieses Tier mit dem Messer angegriffen?“ Er sprach ein sehr reines Englisch.

„Ich“, antwortete ich.

„Warum hat mein junger weißer Bruder nicht auf ihn geschossen?“

„Weil ich kein Gewehr bei mir hatte.“

„Hier liegen doch Flinten!“

„Die gehören nicht mir. Diejenigen, deren Eigentum sie sind, warfen sie weg und kletterten auf die Bäume.“

„Uff! Die Eichhörnchen und Stinktiere sind da, um auf die Bäume zu fliehen, wenn ein Feind sich ihnen nähert. Der Mann aber soll kämpfen, denn wenn er Mut besitzt, so ist ihm die Macht gegeben, selbst das stärkste Tier zu überwinden. Mein junger weißer Bruder hat solchen Mut besessen. Warum wird er da ein Greenhorn genannt?“

„Weil ich zum ersten Mal im Westen bin.“

„Die Bleichgesichter sind sonderbare Menschen. Bei ihnen wird ein Mann Greenhorn geschimpft, der sich nur mit einem Messer dem schrecklichen Grizzly entgegenstellt. Diejenigen aber, die aus Furcht auf die Bäume klettern und da oben vor Entsetzen heulen, dürfen sich für tüchtige Westmänner halten. Die roten Männer sind gerechter. Bei ihnen kann ein Tapferer nie als Feigling und ein Feigling nie als Tapferer gelten.“

„Mein Sohn hat sehr richtig gesprochen“, stimmte sein Vater in einem etwas weniger guten Englisch bei. „Dieses junge Bleichgesicht ist kein Greenhorn mehr. Wer den Grizzly in dieser Weise erlegt, der ist ein Held. Und wer es gar noch tut, um andere zu retten, die auf die Bäume entwichen sind, der kann von ihnen Dank erwarten und keine Schimpfreden. Howgh! Aber gehen wir zum Lager der Bleichgesichter, um zu sehen, warum sie sich hier in dieser Gegend befinden.“

5. Klekih-petra

Die Apachen waren erst ein paar Schritte gegangen, da sah Intschu tschuna die Messpfähle stecken. Er blieb stehen und wandte sich an mich: „Was wird hier getrieben? Wollen die Bleichgesichter etwa dieses Land vermessen?“

„Ja“, antwortete ich.

„Wozu?“

„Um einen Weg für das Feuerross zu bauen.“

Die Augen des Häuptlings leuchteten zornig auf und fast hastig fragte er mich: „Du gehörst zu diesen Leuten? Und warst an den Vermessungen beteiligt?“

„Ja.“

„Du wirst bezahlt dafür?“

„Ja.“

Er schaute mich verächtlich an. Dann sagte er zu Klekih-petra: „Deine Lehren klingen sehr schön, aber sie treffen nicht oft zu. Da hat man endlich einmal ein junges Bleichgesicht mit einem tapferen Herzen, einem offenem Gesicht und ehrlichen Augen gesehen. Und fragt man, was es hier tut, so ist es gekommen, um uns gegen Bezahlung unser Land zu stehlen. Die Weißen sind doch einer wie der andere!“

Wenn ich ehrlich sein will, so muss ich sagen, dass ich keine Worte zu meiner Verteidigung fand. Ich fühlte mich beschämt. Der Häuptling hatte recht.

Bancroft hatte sich mit den drei anderen Ingenieuren vor dem gefürchteten Bären im Zelt versteckt. Als sie uns kommen sahen, wagten sie sich hervor. Sie waren über die Anwesenheit der Indianer nicht wenig betroffen. Natürlich fragten sie zunächst nach dem Grizzly.

Rattler erwiderte schnell: „Wir haben ihn erschossen und heute Abend werden wir Bärenschinken essen."

Unsere drei Gäste sahen mich an. Sie fragten sich wohl, ob ich mir dies gefallen lassen würde. Darum sagte ich: „Und ich behaupte, dass ich ihn erstochen habe. Hier stehen drei Sachverständige, die mir recht gegeben haben. Das soll aber gar nicht entscheidend sein. Wenn nachher Hawkens, Stone und Parker kommen, mögen sie ihr Urteil abgeben, nach dem wir uns richten werden. Bis dahin bleibt der Bär unangerührt liegen."

„Den Teufel werde ich mich nach diesen dreien richten!", murrte Rattler. „Ich gehe mit meinen Leuten hin, um den Bären aufzubrechen; und wer uns daran hindern will, dem jagen wir ein halbes Dutzend Kugeln in den Leib!"

„Vor Euren Kugeln fürchte ich mich nicht. Und dass Ihr hingeht, dagegen habe ich nichts, solange Ihr es tut, um Euren toten Kameraden zu begraben."

„Es ist einer tot?", fragte Bancroft erschrocken.

„Ja, Rollins", antwortete Rattler. „Nur wegen der Dummheit dieses Greenhorns hat der arme Teufel sich nicht retten können. Er machte es genauso wie wir und sprang auf einen Baum. Er hätte es auch ganz gut schaffen können. Aber da kam dieses Greenhorn albernerweise angerannt und reizte den Bären, der sich dann wütend auf Rollins stürzte und ihn zerfleischte."

Ich war zunächst sprachlos vor Erstaunen über diese Unverfrorenheit. Die Sache in dieser Weise darzustellen, und noch dazu in meiner Gegenwart, das durfte ich nun doch nicht dulden! Darum wandte ich mich schnell mit der Frage an ihn: „Das ist Eure feste Überzeugung, Mr Rattler?"

„Jawohl“, nickte er entschlossen. Er zog seinen Revolver, denn er erwartete eine Tätlichkeit von mir.

„Rollins hätte sich retten können und wurde nur durch mich daran gehindert?“

„So ist es.“

„Der Bär hatte ihn schon gepackt, als ich kam!“

„Das ist eine Lüge!“

„Gut, so sollt Ihr jetzt die Wahrheit hören oder fühlen.“ Bei diesen Worten riss ich ihm mit der Linken den Revolver aus der Hand und gab ihm mit der Rechten eine so gewaltige Ohrfeige, dass er wohl sechs bis acht Schritte weit flog und zu Boden stürzte.

Er sprang auf, riss sein Messer heraus und kam mit wütendem Gebrüll auf mich zugerannt. Ich parierte den Messerstich mit der linken Hand und schlug ihn mit der rechten Faust nieder. Besinnungslos blieb er zu meinen Füßen liegen.

„Uff, uff!“, rief Intschu tschuna erstaunt.

„Das war wieder Shatterhand“, sagte Wheeler, einer der Ingenieure.

Ich achtete nicht auf diese Worte, sondern hielt mein Auge auf Rattlers Kameraden gerichtet. Sie waren sichtlich wütend, aber es wagte keiner, sich mit mir anzulegen.

Jetzt wandte sich Intschu tschuna an den Oberingenieur: „Bist du derjenige, der hier den Befehl führt?“

„Ja“, antwortete der Gefragte.

„So habe ich mit dir zu reden.“

„Was?“

„Das sollst du hören. Du stehst auf deinen Füßen; aber Männer sollen sitzen, wenn sie sich beraten.“

„Willst du unser Gast sein?“

„Nein. Wie kann ich dein Gast sein, wenn du dich auf meinem Boden befindest? Die weißen Männer mögen sich setzen. Was sind das für Bleichgesichter, die da noch kommen?“

„Sie gehören zu uns.“

„So mögen sie sich auch mit zu uns setzen.“

Sam, Dick und Will kamen nämlich gerade von ihrem Ritt zurück. Als sie hörten, wer die beiden Indianer waren, zeigten sie sich besorgt.

„Und wer ist der Dritte?“, fragte mich Sam.

„Er heißt Klekih-petra. Rattler hat ihn Schulmeister genannt.“

„Klekih-petra, der Schulmeister? Ach, von dem habe ich gehört, wenn ich mich nicht irre. Das ist ein sehr geheimnisvoller Mensch; ein Weißer, der schon lange bei den Apachen lebt und so eine Art Missionar zu sein scheint. Freut mich, ihn zu sehen. Ist während unserer Abwesenheit sonst noch etwas vorgekommen?“

„Ja.“

„Was?“

„Ich habe das getan, wovor Ihr mich gestern warntet.“

„Weiß nicht, was Ihr meint. Habe Euch vor vielem gewarnt.“

„Grizzlybär.“

„Wie? War etwa einer da?“

„Und was für einer! Hinter dem Gebüsch dort. Er hat den alten Bullen hineingeschafft.“

„Alle Wetter, muss das gerade dann passieren, wenn unsereiner nicht da ist? Hat es Tote gegeben?“

„Einen – nämlich Rollins.“

„Und Ihr? Habt Euch doch hoffentlich ferngehalten?“

„Ja."

„Recht so! Möchte es aber fast nicht glauben."

„Könnt es getrost glauben. Habe mich gerade so fern von ihm gehalten, dass er mir nichts tun, ich ihm aber mein Messer viermal zwischen die Rippen stoßen konnte."

„Ihr habt ihn mit dem Messer angegriffen?"

„Ja. Hatte die Büchse nicht da."

„Was für ein Kerl! Ein echtes Greenhorn. Hat extra einen schweren Bärentöter mitgebracht, und wenn dann ein Bär kommt, schießt er mit dem Messer anstatt mit der Büchse. Sollte man so etwas für möglich halten? Wie hat es sich denn zugetragen?"

„So, dass Rattler behauptet, er hätte ihn erlegt." Ich erzählte ihm, wie sich alles abgespielt hatte.

„Mensch, Ihr seid wirklich ein ganz unglaublich leichtsinniger Kerl!", rief er aus. „Hat noch nie einen Grizzly gesehen und geht darauf los, als ob es sich um einen alten Pudelhund handelt! Ich muss mir das Tier ansehen, sofort ansehen. Kommt, Dick und Will! Wir müssen doch sehen, was dieses Greenhorn abermals für dumme Streiche gemacht hat."

Schon nach kurzer Zeit kam er wieder und rief bereits von Weitem: „Was für eine Dummheit ist es gewesen, auf den Grizzly zu schießen und dann zu fliehen. Wenn man ihm nicht standhalten will, so schießt man überhaupt nicht, sondern lässt ihn in Ruhe. Dann tut er einem nichts. Dieser Rollins sieht grässlich aus! Und wer soll das Tier erlegt haben?"

„Ich!", rief Rattler rasch.

„Ihr? Womit denn?"

„Mit meinem Gewehr."

„Aha, das stimmt – ist richtig."

„Dachte es mir!"

„Ja, der Bär ist an einer Gewehrkugel gestorben."

„Also gehört er mir. Hört ihr es, ihr Leute! Sam Hawkens hat für mich Partei ergriffen!", schrie Rattler triumphierend.

„Ja, für Euch. Eure Kugel ist an seinem Kopf vorbeigegangen und hat ihm ein Spitzchen vom Ohr abgerissen. Und an so einem Ohrenspitzchen stirbt so ein Grizzlybärchen natürlich auf der Stelle, hihihihi! Es hat zwar noch jemand auf seine Augen gezielt – und zwar wesentlich besser als Ihr in Eurer Angst. Doch das war mit einem Revolver – und auch an diesen Schüssen ist der Bär nicht gestorben. Aber vier tüchtige Messerstiche sind da, zwei neben das Herz und zwei genau hinein. Wer aber hat gestochen?"

„Ich", antwortete ich.

„Ihr allein?"

„Sonst niemand."

„So gehört der Bär Euch. Was sagt Ihr nun, Mr Rattler?"

„Hol Euch der Teufel!" Er ließ noch einige grimmige Flüche hören und ging dann zum Wagen, auf dem das Brandyfass lag. Ich sah, dass er sich Branntwein in den Becher laufen ließ, und wusste, dass er nun so lange trinken würde, bis er nicht mehr konnte.

Die Angelegenheit mit dem Bären war also geklärt. Nun forderte Bancroft den Apachenhäuptling auf, seinen Wunsch vorzutragen.

„Es ist kein Wunsch, sondern ein Befehl, den ich aussprechen will", antwortete Intschu tschuna stolz.

„Wir nehmen keine Befehle an“, versicherte der Oberingenieur ebenso selbstsicher.

Über das Gesicht des Häuptlings glitt ein Anflug von Ärger. Doch er beherrschte sich und sagte ruhig: „Die Länder jenseits der Felsenberge und die im Osten des Mississippi gehören den Bleichgesichtern. Was würden diese dazu sagen, wenn die Indianer kämen und dort eiserne Pfade bauen wollten?“

„Sie würden sie fortjagen.“

„Mein Bruder hat die Wahrheit gesprochen. Nun aber kommen die Bleichgesichter hierher in dieses Land, das uns gehört. Sie fangen unsere Mustangs, sie töten unsere Büffel, sie suchen bei uns Gold und edle Steine. Nun wollen sie sogar einen Weg bauen, auf dem ihr Feuerross laufen soll. Auf diesem Weg kommen dann immer mehr Bleichgesichter, die über uns herfallen und uns auch noch das Wenige nehmen, was man uns gelassen hat. Was werden wir dazu sagen?“

Bancroft schwieg.

„Du willst hier einen Weg bauen. Hast du uns um Erlaubnis gefragt? Wir haben den Bleichgesichtern dieses Land weder geschenkt noch verkauft. Ich verbiete euch, hier weiter zu messen!“

Der Oberingenieur befand sich in großer Verlegenheit. Er brachte zwar einiges vor, aber es waren nur Spitzfindigkeiten, Verkehrungen und Trugschlüsse.

Schließlich sagte Intschu tschuna entschieden: „Es ist nicht nötig, dass weitere Reden gehalten werden. Ich will, dass ihr noch heute von hier fortgeht, dahin, woher ihr gekommen seid. Entscheidet euch, ob ihr gehorchen wollt oder nicht. Ich gehe jetzt mit Winnetou fort. Nach der

Zeit, die die Bleichgesichter eine Stunde nennen, werden wir wiederkommen. Dann sollt ihr mir Antwort geben. Geht ihr dann, so sind wir Brüder; geht ihr nicht, so wird das Kriegsbeil ausgegraben zwischen uns und euch. Ich habe gesprochen. Howgh!"

Er und Winnetou standen auf und schritten langsam davon. Klekih-petra war sitzen geblieben. Der Oberingenieur wandte sich Rat suchend an ihn. Doch Klekih-petra antwortete nur: „Macht, was Ihr wollt, Sir! Ich bin derselben Meinung wie der Häuptling. An den Indianern geschieht ein großes, fortgesetztes Verbrechen. Aber mir ist klar, dass sie sich vergeblich wehren. Wenn Ihr heute von hier fortgeht, werden morgen andere kommen, die Euer Werk zu Ende führen. Dennoch will ich Euch warnen: Der Häuptling meint es ernst."

Damit stand er auf und schlenderte fort, um sich so weiterem Drängen zu entziehen. Ich ging ihm nach und fragte trotzdem: „Sir, erlaubt Ihr mir, mit Euch zu gehen? Ich werde nichts sagen oder tun, was Euch verärgern könnte. Es ist nur, weil ich mich so außerordentlich für Intschu tschuna interessiere – und natürlich ebenso für Winnetou." Dass auch er selbst mir große Teilnahme einflößte, wollte ich ihm nicht sagen.

„Ja, begleitet mich ein wenig, Sir", antwortete er. „Ich habe mich von den Weißen und ihrem Treiben zurückgezogen und mag nichts mehr von ihnen wissen. Aber Ihr habt mir gefallen und so wollen wir einen Spaziergang miteinander machen. Übrigens habe ich den Eindruck, dass Ihr kein Amerikaner seid. Woher stammt Ihr denn, wenn ich fragen darf?"

„Ich bin Deutscher."

„Ein Deutscher? Dann heiße ich Euch besonders willkommen, Landsmann!“ Klekih-petra schwieg eine Weile. Schließlich sagte er: „Aber vielleicht wollt Ihr gar nichts mit mir zu tun haben, denn ich bin – ich will es Euch gestehen – ein Verbrecher. Ich hatte einst nicht nur meinen Glauben an Gott verloren, sondern habe auch große Schuld auf mich geladen.“

Er sah mich prüfend an; und als ich ruhig blieb, fragte er erstaunt: „Erschreckt Ihr denn nicht? Bedenkt doch: Genau genommen bin ich ein Mörder! Ich habe in der alten Heimat einen Aufstand angezettelt, bei dem viele ihr Leben lassen mussten. Als die Revolte niedergeschlagen wurde, gelang es mir mit Mühe, zu entkommen. Die Freiheit war mir geblieben, aber meine Schuld konnte ich nicht vergessen. Im Innern litt ich Qualen, zu denen mich kein Richter hätte verurteilen können. Das Gewissen peinigte mich entsetzlich. Wie oft bin ich dem Selbstmord nahe gewesen. Doch immer hielt mich eine unsichtbare Hand zurück – Gottes Hand. Sie leitete mich nach Jahren der Qual und der Reue zu einem deutschen Pfarrer in Kansas, der meinen Seelenzustand erriet. Ihm erzählte ich, was ich getan hatte. Und schließlich, nach langen Zweifeln, fand ich Vergebung und Trost, festen Glauben und inneren Frieden. Nun floh ich vor der Welt und den Menschen. Ich wollte Sühne leisten und ging in die Wildnis zu den Apachen. Bei ihnen habe ich Vertrauen gefunden und Erfolge errungen. Und mein größter Erfolg ist Winnetou. Ich wollte, Ihr könntet ihn kennenlernen. Wäre er der Sohn eines europäischen Herrschers, so würde aus ihm einst ein großer Feldherr und ein noch größerer Friedensfürst. Als Erbe eines Indianerhäuptlings aber wird er untergehen, wie seine ganze Rasse untergeht. Könnte ich doch den Tag erleben, an dem er sich einen Christen nennt! Ist mir das nicht beschieden, so will ich wenigstens bis zum Tage meines Todes bei ihm sein in jeder Anfechtung, Gefahr und Not. Er ist mein geistiges Kind; ich liebe ihn mehr als mich selbst. Und wäre mir einmal das Glück beschieden, die tödliche Kugel, die ihm gelten soll, in meinem Herzen aufzufangen, so würde ich mit Freuden für ihn sterben und dabei denken, dass dieser Tod zugleich eine letzte Sühne meiner früheren Sünden sei.“ Er schwieg und senkte den Kopf.

Tief bewegt nahm ich seine Hand und drückte sie.

Es verging eine ganze Weile, bis er leise fragte: „Woher es nur kommt, dass ich Euch dies erzählt habe? Es ist mir mit einem Mal so sonderbar ums Herz. Eine ganz ähnliche Stimmung überkommt einen, wenn im Herbst die Blätter fallen. Wie wird sich das Blatt meines Lebens vom Baume lösen? Leise, leicht und friedlich? Oder wird es abgeknickt, noch ehe die natürliche Zeit gekommen ist?“

Er blickte wie in stiller, unbewusster Sehnsucht das Tal hinab. Von dorther kamen jetzt Intschu tschuna und Winnetou, die in der Zwischenzeit ihre Pferde geholt hatten. Das Tier Klekih-petras führten sie mit sich. Wir gingen zum Lager zurück und kamen gleichzeitig mit den beiden Indianern dort an. Am Wagen lehnte Rattler mit feuerrotem, aufgedunsenem Gesicht und stierte zu uns herüber. Er hatte sich in der kurzen Zeit völlig betrunken.

„Nun, haben meine weißen Brüder sich überlegt, ob sie fortgehen wollen?“, fragte Intschu tschuna.

Der Oberingenieur antwortete: „Wir sind an die Weisungen unserer Firma gebunden. Ich werde noch heute einen Boten nach Santa Fé senden und anfragen lassen; erst dann kann ich dir antworten."

Das war ein geschickter Schachzug, denn bis der Bote zurückgekehrt wäre, hätten wir unsere Arbeit beendet.

Der Häuptling aber sagte bestimmt: „So lange warte ich nicht. Meine Brüder müssen mir sofort sagen, was sie tun wollen."

Da schwankte Rattler mit einem Becher Brandy auf die beiden Indianer zu und lallte: „Wenn ihr mit mir trinkt, folgen wir eurem Willen und gehen fort, sonst nicht. Hier hast du Feuerwasser, Winnetou."

Winnetou trat mit einer abweisenden Gebärde zurück.

„Was, du willst keinen Drink mit mir nehmen? Das ist eine verdammte Beleidigung. Hier hast du den Brandy, verfluchte Rothaut!" Damit schleuderte er dem jungen Apachen den Becher samt Inhalt ins Gesicht.

Das war nach indianischen Begriffen eine todeswürdige Beleidigung. Winnetou schlug dem Betrunkenen mit der Faust ins Gesicht, sodass dieser zu Boden stürzte. Mühsam raffte sich Rattler wieder auf. Er starrte den jungen Apachen drohend an und wankte dann fluchend wieder zum Wagen zurück.

Winnetou trocknete sich ab. Weder er noch sein Vater verzogen auch nur eine Miene.

„Zum letzten Mal: Werden die Bleichgesichter noch heute dieses Tal verlassen?", fragte Intschu tschuna.

„Wir dürfen nicht", antwortete der Oberingenieur.

„So verlassen wir es. Aber wir kommen wieder. Es ist kein Friede zwischen uns."

Die drei gingen zu ihren Pferden. Da erscholl vom Wagen her Rattlers Stimme: „Immer fort mit euch, ihr roten

Hunde! Aber den Hieb ins Gesicht sollt ihr mir sofort bezahlen!“

Zehnmal schneller, als man es ihm bei seinem Zustand zugetraut hätte, hatte er ein Gewehr aus dem Wagen genommen und zielte damit auf Winnetou. Dieser stand in diesem Augenblick frei; die Kugel musste ihn treffen. Da schrie Klekih-petra voller Angst auf: „Weg, Winnetou, schnell weg!“ Zugleich sprang er zu dem jungen Apachen, um sich schützend vor ihn zu stellen. Der Schuss krachte; Klekih-petra fuhr sich, von der Gewalt des Kugelaufschlags herumgerissen, mit der Hand an die Brust, taumelte einige Augenblicke hin und her und brach dann zusammen. In diesem Moment stürzte auch Rattler, von meiner Faust getroffen, zu Boden.

Ein allgemeiner Schrei des Entsetzens war erklungen; nur die beiden Apachen hatten keinen Laut von sich gegeben. Sie knieten bei ihrem Freund und untersuchten stumm seine Wunde. Er war nahe am Herzen in die Brust getroffen; das Blut schoss mit Gewalt hervor. Klekih-petra hielt die Augen geschlossen; sein Gesicht wurde bleich und hohl.

„Nimm seinen Kopf in deinen Schoß“, bat ich Winnetou. „Wenn er noch einmal die Augen öffnet und dich sieht, wird er leichter sterben.“

Winnetou kam dieser Aufforderung nach, ohne ein Wort zu sagen. Sein Blick hing unverwandt am Antlitz des Sterbenden.

Da öffnete dieser langsam die Lider. Als er Winnetou über sich gebeugt sah, glitt ein Lächeln über seine Züge und er flüsterte: „Winnetou, o mein Sohn Winnetou!“

Dann schien es, als ob sein brechendes Auge noch jemanden suche. Es traf mich und in deutscher Sprache bat

er mich: „Bleibt bei ihm … ihm treu … Führt Ihr … mein Werk fort!“

„Ich tue es! Ja, sicher, ich werde es tun!“, versprach ich.

Da nahm sein Gesicht einen fast überirdischen Ausdruck an und er betete mit ersterbender Stimme: „Da fällt mein Blatt … abgeknickt … nicht leise, leicht … Es ist … die letzte Sühne … Herrgott, vergib … vergib! … Gnade! Gnade! Ich komme … komme … Gnade!"

Er faltete die Hände; noch ein Blutstrom schoss aus der Wunde und sein Kopf sank zurück – er war tot!

Winnetou bettete das Haupt des Toten ins Gras, stand langsam auf und sah seinen Vater fragend an.

„Dort liegt der Mörder; ich habe ihn niedergeschlagen", sagte ich. „Er mag euer sein!"

„Feuerwasser!" Nur diese kurze Antwort kam aus dem Mund des Häuptlings, doch in welch grimmigem, verächtlichem Ton.

„Ich will euer Freund sein. Ich gehe mit euch!" Diese Worte drängten sich mir von selbst über die Lippen.

Da spuckte er mir ins Gesicht und sagte: „Räudiger Hund! Länderdieb! Stinkender Kojote! Wage es, uns zu folgen, und ich zermalme dich!"

Danach würdigten uns die Apachen keines Blickes mehr. Sie hoben die Leiche auf das Pferd und banden sie fest. Dann stiegen sie in die Sättel, richteten den zusammengesunkenen Körper Klekih-petras auf und ritten, ihn auf beiden Seiten stützend, langsam davon. Sie verloren kein Wort der Drohung. Sie drehten sich auch nicht ein einziges Mal nach uns um. Aber das war schlimmer, viel schlimmer, als wenn sie uns den fürchterlichsten Tod ganz offen geschworen hätten.

6. Auf der Fährte der Apachen

Das war schrecklich und kann leicht noch schrecklicher werden", sagte Sam. „Dort liegt der Schurke, noch immer leblos von Eurem Hieb und vom Schnaps. Was tun wir nun mit ihm?"

Ich antwortete nicht, sondern sattelte mein Pferd und ritt fort. Ich musste allein sein, um diese fürchterliche halbe Stunde zu verwinden.

Es war bereits spät am Abend, als ich müde und körperlich wie seelisch angeschlagen wieder im Lager eintraf. Dennoch waren außer Rattler, der seinen Rausch ausschlief, alle noch wach.

Sam hatte dem Bären das Fell abgezogen, das Fleisch aber unberührt gelassen. Als ich ans Feuer trat, sagte er: „Wo jagt Ihr denn herum, Sir? Wir haben sehnsüchtig auf Euch gewartet. Denn da Ihr den Bären erlegt habt, ist es auch Euer Vorrecht, darüber zu bestimmen, wie das Fleisch verteilt werden soll. Wir wollen vor dem Schlafengehen ein Stückchen davon braten."

„Teilt, wie Ihr wollt", antwortete ich. „Das Fleisch gehört allen."

„Nun, so will ich Euch etwas sagen. Ich fürchte, dass die Apachen sehr bald kommen und uns das Essen verderben werden. Also sehen wir zu, dass wir uns über das Beste, die Tatzen, heute hermachen. Dann haben wir wenigstens gut gegessen, wenn wir von den Roten ausgelöscht werden. Habt Ihr etwas dagegen, Sir?"

„Nein."

„Gut, so mag das schöne Werk beginnen; der Appetit ist da, wenn ich mich nicht irre."

Er löste die Tatzen von den Beinen und zerlegte sie dann in so viele Teile, wie Personen da waren. Ich bekam das beste Stück eines Vorderfußes, wickelte es ein und legte es beiseite, während die anderen sich beeilten ihre Portion ans Feuer zu bringen.

Mir ging die Mordszene einfach nicht aus dem Kopf. Dort lag der Mörder, noch immer sinnlos betrunken. Ich hätte ihn niederschießen mögen, aber es ekelte mich vor ihm. Dieses Gefühl des Ekels war wahrscheinlich auch der Grund gewesen, dass die beiden Apachen ihn nicht auf der Stelle bestraft hatten. „Feuerwasser!" – welcher Vorwurf in diesem einen Wort gelegen hatte, das Intschu tschuna gesprochen hatte.

So saß ich, während die anderen sich ihr Fleisch schmecken ließen, still am Feuer und grübelte vor mich hin, bis Sam fragte: „Was ist mit Euch, Sir? Habt Ihr keinen Hunger?"

„Ich esse nicht."

„So? Und haltet lieber Denkübungen! Ich sage Euch, dass Ihr Euch das nicht angewöhnen dürft. Auch mich ärgert das Vorgefallene gewaltig, aber ein Westmann muss sich an solche Auftritte gewöhnen."

„Danke, Sam, ich möchte wirklich nichts essen. Wurde denn schon entschieden, wie Rattlers Strafe aussehen soll?"

„Pah! Ihr redet eben, wie ein Greenhorn redet. Der Wilde Westen hat seine eigenen Gesetze. Er verlangt Auge um Auge, Zahn um Zahn, Blut um Blut, so wie es in der Bibel steht. Ist ein Mord geschehen, kann der Berechtigte den Mörder sofort töten oder es wird eine Jury gebildet, die das Urteil fällt und es dann unverzüglich vollzieht."

„Bilden wir also eine Jury. Ich trete als Ankläger auf."

„Als Ankläger könnt Ihr nur auftreten, wenn der Ermordete Euch als Verwandter oder Freund oder Kamerad nahegestanden hat. Da dies hier nicht der Fall ist, haben wir also gar kein Recht, eine Jury zusammenzustellen."

„So soll Rattler ungestraft davonkommen?"

„Davon kann keine Rede sein. Ich gebe Euch mein Wort, dass ihn die Vergeltung so sicher treffen wird, wie jede Kugel aus meiner Liddy ihr Ziel erreicht. Dafür werden die Apachen schon sorgen."

„Und uns trifft dann die Strafe mit!"

„Sehr wahrscheinlich. Aber das können wir auch nicht verhindern, indem wir Rattler töten. Mitgefangen, mitgehangen. Die Apachen sehen auch uns als Mörder an und werden uns ganz gewiss als solche behandeln, wenn sie uns in die Finger bekommen."

„Und es besteht wohl kein Zweifel, dass sie kommen werden, um sich zu rächen …"

„Das ist sicher, und zwar umso mehr, als sie nicht ein Wort der Drohung ausgesprochen haben. Sie werden mit genügend Kriegern zurückkehren, um uns zu überwältigen. Glückt ihnen das, können wir uns auf einen grausamen Tod gefasst machen, denn das Ansehen, das Klekih-petra bei ihnen genossen hat, erfordert eine doppelt schwere Rache."

„Und das alles wegen eines Trunkenboldes …"

„Nun, die dringlichste Frage ist jetzt, wann sie kommen werden. Wir hätten ja Zeit, zu fliehen. Aber dann müssten wir die beinahe fertige Arbeit unvollendet lassen. Wie lange braucht Ihr denn noch, wenn Ihr Euch beeilt?"

„Etwa fünf Tage."

„Hm, soviel ich weiß, ist das nächste Apachenlager mindestens drei starke Tagesritte von hier entfernt. Da Intschu tschuna und Winnetou die Leiche transportieren und deshalb langsamer sind, werden sie bestimmt vier Tage brauchen. Dann müssen sie einen Trupp Krieger zusammenstellen und hierher zurückkehren – abermals ein Ritt von drei Tagen. Es ist also in etwa sieben Tagen mit ihnen zu rechnen. Da Ihr glaubt in fünf Tagen fertig zu werden, dürfen wir es wohl wagen, mit der Vermessung fortzufahren. Sicherheitshalber werde ich ihnen aber bei Tagesanbruch nachreiten, um zu sehen, welche Richtung sie eingeschlagen haben."

Nun gab es einiges Hin und Her, wer ihn begleiten sollte. Denn dass Sam einen solchen Ritt nicht allein wagen konnte, war allen klar. Der listige kleine Westmann wollte mich mitnehmen, um „dem Greenhorn das Fährtenlesen beizubringen", wie er sagte. Bancroft widersprach erst, weil er glaubte, nicht auf meine Arbeitskraft verzichten zu können. Doch Sam meinte: „Und was ist, wenn ich unterwegs auf Feinde treffe, die mich auslöschen? Da kann Euch niemand von der Gefahr berichten und Ihr werdet überfallen und umgebracht. Habe ich aber dieses Greenhorn bei mir, das mit seinen kleinen Ladyhänden den stämmigsten Kerl mit einem Schlag zu Boden schmettert, so ist es sehr wahrscheinlich, dass wir mit heiler Haut wiederkommen. Seht Ihr das nun ein?"

Diesem Argument beugte sich Bancroft schließlich und Sam sagte zu mir: „Ihr habt gehört, was Euch morgen für eine Anstrengung bevorsteht. Es kann leicht möglich sein, dass wir da keinen Augenblick Ruhe finden. Also esst wenigstens einige Bissen von Eurer Bärentatze."

„Na gut, ich will es wenigstens versuchen.“

„Versucht es nur, versucht es nur! Ich kenne diese Versuche, hihihihi! Man braucht nur einen Bissen zu nehmen, so hört man gewiss nicht eher auf, als bis man nichts mehr hat. Gebt die Tatze her; ich will sie Euch braten. So ein Greenhorn hat nicht den richtigen Verstand dazu. Also passt schön auf, damit Ihr es lernt! Müsste ich Euch einen solchen Leckerbissen ein zweites Mal braten, so bekämt Ihr nichts davon ab, denn ich würde ihn selbst essen.“

Der gute Sam hatte ganz recht: Kaum hatte ich den ersten Bissen probiert, so stellte sich der Appetit ein. Ich aß wirklich so lange, bis ich nichts mehr hatte.

„Seht Ihr!“, lachte er mich an. „Es ist wirklich weit angenehmer, einen Grizzlybären zu verspeisen, als ihn zu erlegen; das habt Ihr nun wohl gelernt, wenn ich mich nicht irre!“

Als Sam mich am nächsten Morgen weckte, schliefen die anderen noch fest. Wir aßen ein Stück Fleisch, tranken Wasser dazu, tränkten unsere Pferde und ritten dann fort. Die Sonne war noch nicht aufgegangen, als wir diesen Kundschafterritt antraten, der für mich der allererste war!

Die Spuren der beiden Apachen waren im Gras noch so deutlich zu sehen, dass selbst ich sie bemerkte.

„Gefällt mir nicht, diese Fährte, ganz und gar nicht!“, brummte Sam. „Wenn zwei Indianer ihre Spur so deutlich sehen lassen, ist das stets bedenklich. Es ist sehr zu vermuten, dass sie uns in eine Falle locken wollen. Schließlich können sie sich doch denken, dass wir ihnen folgen werden.“

„Aber muss es darum eine Falle sein?“, gab ich zu bedenken. „Die beiden wollen zu den Ihrigen, um sie möglichst schnell gegen uns zu führen. Außerdem haben sie bei dieser Wärme eine Leiche bei sich. Sie konnten sich also nicht die Zeit nehmen, ihre Spur zu verwischen. Davon abgesehen: Auf dieser Ebene können wir jeden Feind schon von Weitem sehen und uns im Notfall rechtzeitig zurückziehen."

Wir jagten nun im Galopp dahin. Währenddessen erklärte Sam Hawkens mir, wie ich an der Fährte erkennen konnte, ob die Reiter im Schritt oder im Galopp geritten waren. Nach einiger Zeit waren in der Prärie vereinzelte Büsche zu sehen, und bald bemerkten wir, dass die Apachen dort angehalten hatten. Offenbar hatten sie lange Äste von den Sträuchern geschnitten und daraus eine Art Trage gebaut, um die Leiche besser transportieren zu können. Von nun an sah die Fährte ganz anders aus als vorher. Intschu tschuna und Winnetou waren jetzt nicht mehr nebeneinander, sondern hintereinander geritten. Das dritte Pferd hatte anscheinend die Trage gezogen, auf die die Apachen wohl den Leichnam Klekih-petras gebunden hatten.

„Dass sie hintereinander geritten sind, muss einen Grund haben, denn es ist genug Platz zum Nebeneinanderreiten da", überlegte Sam Hawkens.

Nachdenklich folgten wir der Fährte weiter. Ich grübelte und grübelte. Plötzlich kam mir ein Gedanke: „Sam, strengt Eure Augen an! Die Spur wird sich bald abermals verändern. Sie haben die Trage nicht nur angefertigt, um den Transport der Leiche zu erleichtern, sondern auch, um sich unbemerkt trennen zu können."

„Wie kommt Ihr denn auf diese Idee? Sich trennen! Wird ihnen nicht im Traum einfallen, hihihihi!", lachte er.

„Bisher wart Ihr der Lehrer; nun werde ich Euch auch einmal fragen: Weshalb pflegen die Indianer überhaupt meist hintereinander zu reiten?"

„Damit derjenige, der auf ihre Fährte stößt, nicht zählen kann, wie viele Reiter es gewesen sind."

„Und genau darum geht es hier auch! Mit dem Erschossenen kommen sie zu langsam voran: Also wird wohl einer von ihnen vorreiten, damit die Krieger der Apachen schneller benachrichtigt werden können."

Sam blieb weiter skeptisch. Doch bald kamen wir an ein ausgetrocknetes Flussbett, das wohl nur zur Zeit der Schneeschmelze Wasser führte. Die Spur ging quer hindurch. Wenn ich vorhin das Richtige erraten hatte, so war hier, auf dem von Kies bedeckten Boden, für die beiden Apachen der geeignetste Ort, um sich zu trennen. Wenn einer der beiden ein Stück das steinige Flussbett hinunterritt, konnte er verschwinden, ohne eine Fährte zurückzulassen. Ritt dann der andere weiter, mit dem Pferd, das die Trage zog, hinter sich, so konnte man die Spur dieser beiden Pferde noch immer für die von dreien halten.

Wir durchquerten das Flussbett. Als wir am anderen Ufer angekommen waren, wollte Sam auf der Fährte weiterreiten; ich aber forderte ihn auf: „Lasst uns die Gegend doch einmal etwas genauer anschauen, Sam."

Wir ritten ein Stück am grasüberwachsenen Ufer des Trockenbettes entlang. Und tatsächlich: Nach höchstens einigen hundert Metern sahen wir die Fährte eines Reiters, die aus dem Geröll heraufkam und dann weiter über das Gras in südlicher Richtung führte.

„Das ist die Spur eines der beiden Apachen, Sam!", sagte ich – nicht wenig stolz, als Neuling recht behalten zu haben. „Ganz wie ich vermutet habe. Wenn wir nun zu unserer alten Fährte zurückkehren und sie genau betrachten, so werden wir sehen, dass sie nur noch von zwei Pferden herrührt."

Wir ritten zurück und waren nun freilich aufmerksamer, als wir es sonst gewesen wären. Tatsächlich fanden wir heraus, dass von hier an nur zwei Pferde weitergegangen waren.

Sam hustete einige Male. Dann sagte er: „So etwas! Ein Greenhorn, das im Fährtenlesen einen erfahrenen Westmann wie mich übertrifft! Aber jetzt lasst uns weiterreiten."

„Welcher Spur wollen wir denn folgen?"

„Dieser hier, das wird Winnetou sein. Der Häuptling reitet sicher voraus, um Verstärkung zu holen."

„Und warum sollen wir lieber dem Sohn folgen?"

„Weil ich wissen will, ob er doch noch ein Lager aufgeschlagen hat. Also vorwärts, Sir!"

Es ging im Trab weiter, ohne dass etwas Erwähnenswertes geschah. Erst eine Stunde vor Mittag hielt Sam an und sagte: „Nun ist's genug; wir kehren um. Auch Winnetou ist die ganze Nacht hindurch geritten; sie haben also große Eile. Wir können ihren Angriff bald erwarten – vielleicht noch innerhalb der fünf Tage, die Ihr zu arbeiten habt."

7. Bei den Kiowa

Wir ritten eilig zurück und hatten bereits eine bedeutende Strecke zurückgelegt, als wir ein fließendes Wasser erreichten, wo wir unsere Tiere trinken und ein Stündchen ausruhen lassen wollten. Also stiegen wir ab und streckten uns zwischen Büschen im Gras aus. Es dauerte nicht lange und Sam Hawkens war eingeschlummert. Er hatte letzte Nacht nicht viel geschlafen. Hier konnte er ein kleines Nickerchen riskieren, weil ich wachte und wir auf dem Hinweg in der ganzen Gegend nichts Verdächtiges bemerkt hatten.

Jetzt sollte ich erleben, wie scharf die Sinne der Menschen und Tiere im Wilden Westen sind. Denn plötzlich ließ das Maultier ein kurzes, warnendes Schnauben hören. Im Nu war Sam aufgewacht und stand auf den Beinen.

Als wir durch die Zweige der Büsche blickten, sahen wir sechs Indianer, die auf unserer Spur geritten kamen. Bewaffnet waren sie mit Flinten, Messern und Tomahawks. Ihre Gesichter glänzten vor Fett; quer über jedes gingen ein blauer und ein roter Strich hinweg.

Mich stimmte diese Begegnung besorgt, doch Sam sagte: „Welch ein Zusammentreffen! Das rettet uns, Sir!"

„Retten? Wieso?"

„Es sind Kiowa. Der Anführer dieses Trupps ist Bao, was in ihrer Sprache ‚Fuchs' bedeutet: ein tapferer und schlauer Krieger. Ich kenne aber nicht nur ihn, sondern auch den obersten Stammeshäuptling. Er heißt Tangua. Die Indianer tragen die Kriegsfarben im Gesicht, sind also wahrscheinlich Kundschafter. Ich habe aber nicht gehört, dass sie das Kriegsbeil ausgegraben haben."

Die sechs Kundschafter kamen im Galopp auf uns zu. Da trat Sam vor das Gebüsch, hielt beide Hände hohl an den Mund und stieß einen schrillen, weithin schallenden Ruf aus, der ihnen bekannt zu sein schien, denn sie hielten ihre Pferde an. Als die Indianer Sam sahen, kamen sie im Galopp auf uns zu.

„Unser weißer Bruder Sam ist hier?“, fragte der Anführer, als sie uns erreicht hatten. „Wie kommt er in den Weg seiner roten Freunde und Brüder?“

„Bao, der listige Fuchs, hat mich getroffen, weil er sich auf meiner Fährte befindet“, antwortete Sam.

„Wir glaubten, es sei die Spur der roten Hunde, die wir suchen“, meinte der Fuchs.

„Welche Hunde meint mein roter Bruder?“

„Die Apachen vom Stamme der Mescaleros.“

„Warum nennt ihr sie Hunde? Ist ein Streit ausgebrochen zwischen ihnen und meinen Brüdern, den tapferen Kiowa?“

„Das Kriegsbeil ist ausgegraben zwischen uns und diesen räudigen Kojoten.“

„Das freut mich zu hören! Meine Brüder mögen sich zu uns setzen, denn ich habe ihnen Wichtiges zu sagen.“

Der Fuchs sah mich forschend an. „Ich habe dieses Bleichgesicht noch nie gesehen. Es ist jung. Gehört es bereits zu den Kriegern der weißen Männer? Hat es sich schon einen Namen erworben?“

Hätte Sam meinen deutschen Namen gesagt, so hätte dies keinen Eindruck gemacht. Da besann er sich auf das Wort, das Wheeler ausgesprochen hatte, und antwortete: „Old Shatterhand ist mein Freund und Bruder. Erst vor kurzer Zeit ist er über das große Wasser gekommen. Bei seinem Volk gilt er als großer Krieger. Er hatte noch nie in seinem Leben einen Büffel oder einen Bären gesehen; dennoch hat er vorgestern mit zwei Büffelbullen gekämpft und sie erlegt, um mir das Leben zu retten. Und gestern hat er einen gewaltigen Grizzly mit dem Messer erstochen, ohne dass ihm dabei die Haut geritzt worden ist."

„Uff, uff!", riefen die Indianer bewundernd aus.

Sam fuhr fort: „Seine Kugel verfehlt niemals ihr Ziel und in seiner Hand wohnt so viel Kraft, dass er jeden Feind mit einem einzigen Hieb seiner Faust zu Boden schmettert. Darum trägt er bei den weißen Männern diesen Namen."

Der Fuchs reichte mir die Hand und sagte in freundlichem Ton: „Wenn Old Shatterhand es erlaubt, werden wir seine Freunde und Brüder sein."

Wir rauchten mit den Kiowa die Friedenspfeife. Dann erkundigte sich Sam: „Meine Brüder sagen, dass das Kriegsbeil zwischen ihnen und den Mescaleros ausgegraben wurde. Seit wann ruht es nicht mehr in der Erde?"

„Seit der Zeit, die die Bleichgesichter zwei Wochen nennen. Die Hunde von Apachen haben vier unserer Krieger getötet – am Rio Pecos."

„Da stehen doch nicht eure Zelte?"

„Aber die der Mescaleros."

„Was wollten eure Krieger dort?"

Ohne zu zögern, antwortete der Kiowa wahrheitsgemäß: „Es zog eine Schar von unseren Kriegern aus, um des Nachts die Pferde der Mescalero-Apachen zu überfallen. Diese stinkenden Hunde aber wachten gut. Sie wehrten sich und töteten unsere tapferen Männer. Darum ist zwischen uns und ihnen das Kriegsbeil ausgegraben worden."

Also hatten die Kiowa Pferde stehlen wollen, waren aber ertappt und vertrieben worden. Dass dabei einige ihr Leben gelassen hatten, daran waren sie selbst schuld. Dennoch sollten die Apachen, die lediglich ihr Eigentum verteidigt hatten, büßen. Am liebsten hätte ich den Spitzbuben dies ehrlich ins Gesicht gesagt. Ich öffnete wohl auch schon den Mund, denn Sam winkte mir warnend zu und fragte weiter: „Wissen die Apachen, dass eure Krieger gegen sie ausziehen?"

„Denkt mein Bruder, dass wir es ihnen gesagt haben? Wir fallen heimlich über sie her, töten so viele von ihnen, wie wir können, und nehmen dann alles mit, was wir von ihren Tieren und Sachen gebrauchen können."

„Warum haben meine tapferen Brüder die Pferde der Apachen haben wollen? Ich habe gehört, dass der reiche Stamm der Kiowa viel mehr Pferde besitzt, als seine Krieger brauchen", entfuhr es mir da.

Der Fuchs sah mir lächelnd ins Gesicht und antwortete: „Ja, wir haben viele Pferde. Aber es kamen weiße Männer zu uns, die Pferde kaufen wollten. Als wir ihnen sagten, dass wir so viele Pferde nicht entbehren könnten, erzählten sie uns von den Herden der Apachen und sagten, dass sie uns für diese Tiere ebenso viel geben würden wie für unsere eigenen."

Also bestätigte es sich wieder einmal: Wer war schuld am Tod der bisher Gefallenen und an dem bevorstehenden Blutvergießen? Weiße, die die Kiowa förmlich auf den Pferderaub hingewiesen hatten! Ich hätte wohl meinem Herzen Luft gemacht, aber Sam winkte mir energisch zu und erkundigte sich: „Mein Bruder ist als Kundschafter ausgezogen?"

„Ja."

„Wann folgen eure Krieger nach?"

„Sie sind einen Tagesritt hinter uns."

„Von wem werden sie angeführt?"

„Von Tangua, dem tapferen Häuptling selbst."

„Wie viele Krieger hat er bei sich?"

„Zweimal hundert."

„Und ihr glaubt die Apachen zu überraschen?"

„Wir werden über sie kommen wie der Adler über die Krähen, die ihn nicht gesehen haben."

„Mein Bruder irrt. Die Apachen wissen, dass sie von den Kiowa überfallen werden sollen."

Der Fuchs schüttelte ungläubig den Kopf. „Woher sollten sie es wissen? Reichen ihre Ohren bis zu den Zelten der Kiowa?"

„Ja. Intschu tschuna, der Häuptling aller Apachen, ist ein sehr kluger Krieger. Als er sah, dass seine Leute vier Kiowa getötet hatten, sagte er sich, dass die Kiowa den Tod dieser Leute rächen würden, und machte sich auf, euch zu beschleichen."

„Uff, uff! Er selbst?"

„Ja, er und sein Sohn Winnetou."

„Uff, auch dieser! Hätten wir das gewusst, so wären diese beiden Hunde gefangen worden! Sie werden nun eine ganze Menge Krieger versammeln, um uns zu empfangen. Ich muss dies dem Häuptling sagen, damit er noch mehr Krieger nachkommen lässt."

„Warte! Wollt ihr Intschu tschuna und Winnetou lebendig fangen?"

„Uff, uff! Ist das denn möglich?"

„Es ist sehr leicht."

„Ich kenne meinen Bruder Sam, sonst würde ich glauben, auf seiner Zunge wohne jetzt ein Scherz, den ich nicht dulden darf."

„Pah! Ich spreche im Ernst."

„Wann?"

„Ich glaubte, in fünf, sechs oder sieben Tagen; nun aber weiß ich, dass es viel früher geschehen kann."

„Wo?"

„Bei unserem Lager." Er erzählte ihnen nun von unserem Zusammentreffen mit den beiden Apachen und sagte dann: „Ich wunderte mich, die beiden Häuptlinge allein zu sehen, und nahm an, dass sie sich auf der Büffeljagd befänden. Nun aber weiß ich sehr genau, woran ich bin. Die beiden Apachen sind bei euch gewesen, um zu kundschaften. Nun werden sie alles daran setzen, ihre Krieger schnell hierherzuführen. Die Apachen werden eine größere Schar gegen euch und eine kleinere gegen uns senden. Bei der Letzteren werden sich Intschu tschuna und Winnetou befinden. Wenn der Überfall auf uns erfolgreich war, werden sie zu der größeren Abteilung stoßen. Ich zeige dir jetzt unser Lager, damit du es später finden kannst. Dann reitest du zu deinem Häuptling und sagst ihm alles, was ich dir erzählt habe. Darauf kommt ihr mit euren Kriegern zu uns, um Intschu tschuna mit seiner kleinen Schar zu erwarten. Ihr seid zweihundert Krieger und er wird nicht mehr als fünfzig mitbringen. Wir zählen zwanzig weiße Männer und werden euch natürlich helfen. Es wird also kinderleicht für euch sein, die Apachen zu überwältigen. Wenn dann die beiden Häuptlinge in eurer Gewalt sind, ist dies ebenso gut, als ob der ganze Stamm euch gehörte, und ihr könnt fordern, was ihr wollt."

„Ja. Der Plan meines Bruders Sam ist sehr gut. Wenn der Häuptling ihn erfährt, wird er gern zustimmen."

„So wollen wir aufbrechen und schnell reiten, damit wir noch vor Nacht das Lager erreichen!"

Wir stiegen auf die Pferde und galoppierten davon. Ich muss sagen, dass ich mich über Sams Verhalten ärgerte. Wenn sein Plan gelang, waren der edle Winnetou und sein Vater mit ihren Apachen verloren. Wie hatte Hawkens dies nur vorschlagen können! Er wusste ja, wie sympathisch mir Winnetou war, denn ich hatte es ihm gesagt; und ich wiederum wusste, dass auch er dem jungen Apachenhäuptling gewogen war. Ich hoffte ihn, ohne dass die Kiowa es hörten, von seinem Plan abzubringen. Doch er schien dies zu ahnen. Er wich nicht von der Seite der Indianer und tat, als bemerke er meine Winke nicht.

Als wir zur Zeit der Abenddämmerung im Lager ankamen, legte ich mich missmutig ins Gras, während Sam den anderen erzählte, wie wir den Kiowa begegnet waren und was nun geschehen sollte.

Erst als die Kiowa wieder fortritten, um ihren Häuptling zu benachrichtigen, kam Sam zu mir und sagte: „Ihr macht heute Abend gar kein gutes Gesicht, Sir. Leidet Ihr vielleicht an einer Verdauungsstörung? Aber ich glaube, Euch plagen eher die seelischen Eingeweide, hihihihi."

„Allerdings!", antwortete ich nicht eben freundlich.

„So sagt mir, was los ist. Ich werde Euch kurieren."

„Sollte mir lieb sein, wenn Ihr das könntet, Sam; zweifle aber daran."

„Ich kann es, verlasst Euch drauf!"

„So sagt mir, wie Ihr guten Gewissens Winnetou und seinen Vater ins Verderben stürzen könnt, um uns zu retten?"

„Ins Verderben? Ich sie? Das ist dem Sohne meines Vaters gar nicht eingefallen. Glaubt doch nicht an Gespenster, Sir! Winnetou gefällt mir so, dass ich mein Leben wagen würde, um ihn aus jeder Gefahr zu retten. Aber schaut einmal: Wie ich Intschu tschuna einschätze, hat er, während er selbst mit Winnetou auf Kundschaft war, seine Krieger rüsten und ausrücken lassen. Die sind jedenfalls schon ein tüchtiges Stück vorgedrungen. Und da er die ganze Nacht hindurch reitet, vermute ich, dass er spätestens morgen Vormittag auf sie trifft. Wenn er eine längere Strecke vor sich hätte, würde er sein Pferd nicht so beanspruchen. Übermorgen Abend kann er dann schon wieder hier sein. Da seht Ihr, in welcher Gefahr wir uns befinden und wie nahe sie uns ist. Wie gut also, dass wir ihm nachgeritten sind! Ich hätte ihn auf keinen Fall so bald zurückerwartet, wenn wir nicht die Kiowa getroffen hätten. Diese werden uns nun zu Hilfe kommen und …"

„Ich werde Winnetou vor den Kiowa warnen", fiel ich ihm ins Wort.

„Um Himmels willen!", rief er aus. „Das würde uns nur schaden, denn die Apachen entkämen und wir behielten sie dann trotz der Kiowa im Nacken. Nein, sie müssen wirklich gefangen genommen werden und ihren Tod vor Augen haben. Aber ihnen wird nichts geschehen. Denn wir werden sie heimlich befreien. Dann müssen sie uns dankbar sein und ihre Rache aufgeben. Was sagt Ihr nun?"

Ich reichte ihm die Hand und antwortete: „Ich bin beruhigt, lieber Sam; das habt Ihr sehr gut ausgedacht!"

„Gut. Wir ziehen Will und Dick ins Vertrauen. Aber die anderen dürfen nicht wissen, was wir vorhaben. Doch nun legt Euch hin. Morgen gibt es viel zu tun."

Am nächsten Tag arbeiteten wir mit doppeltem Eifer, um möglichst schnell mit unserer Vermessung fertig zu werden. Auch am übernächsten Tag waren wir fleißig, bis sich um die Mittagszeit die zweihundert Kiowa einstellten. Es waren kräftige, kriegerische Gestalten. Alle waren sehr gut beritten und bewaffnet. Ihr Anführer Tangua war von wirklich imposanter Größe, hatte strenge, finstere Gesichtszüge und Raubtieraugen, die nichts Gutes ahnen ließen.

Er kam als unser Freund und Verbündeter, verhielt sich uns gegenüber aber keineswegs freundlich. Er stieg nicht etwa von seinem Pferd, um uns zu begrüßen, sondern machte eine befehlende Armbewegung, woraufhin wir von seinen Leuten umzingelt wurden. Dann ritt er zu unserem Wagen und hob die Plane an, um hineinzublicken. Der Inhalt schien ihn anzuziehen, denn er stieg in den Wagen, um das, was sich darauf befand, zu untersuchen.

„Oho!", meinte da Sam Hawkens. „Der scheint uns und unser Eigentum als gute Beute zu betrachten, wenn ich mich nicht irre. Wenn er etwa glaubt, dass Sam Hawkens so dumm ist, sich den Bock als Gärtner zu bestellen, so irrt er sich. Das werde ich ihm gleich zeigen."

Wir hatten unsere Gewehre in den Händen und gingen zu dem Wagen, in dem Tangua herumstöberte. Dort angekommen, fragte Sam in warnendem Ton: „Hat der berühmte Häuptling der Kiowa Lust, in einigen Augenblicken in die ewigen Jagdgründe zu gehen?"

Der Gefragte richtete sich auf und antwortete: „Warum stören mich die Bleichgesichter mit dieser albernen Frage? Tangua wird einst in den ewigen Jagdgründen als großer Häuptling herrschen; aber es muss noch eine lange Zeit vergehen, ehe er den Weg dorthin macht."

„Diese Zeit wird vielleicht nur eine Minute sein.“
„Warum?“
„Steig herab vom Wagen, so werde ich es dir sagen.“

„Ich bleibe hier!“

„Gut, so flieg in die Luft!“

Sam wandte sich ab und tat so, als ob er sich entfernen wolle. Da kam der Häuptling mit einem raschen Sprung vom Wagen herunter, fasste ihn am Arm und rief: „In die Luft fliegen? Was meint Sam Hawkens damit?“

„Wenn du nur noch einige Augenblicke da oben geblieben wärst, hätte dich der Tod ereilt. Du weißt von deinen Kundschaftern, dass wir einen Weg für das Feuerross bauen. Und so ein Weg geht über Flüsse und Abgründe und durch Felsen, die wir auseinandersprengen. Hast du vielleicht gehört, womit wir diese Felsen sprengen? Etwa mit dem Pulver, mit dem ihr aus euren Gewehren schießt?“

„Nein. Die Bleichgesichter haben eine Erfindung gemacht, mit der sie ganze Berge zersprengen können.“

„Richtig! Und diese Erfindung haben wir hier auf diesem Wagen. Sie ist zwar gut eingepackt, aber wer nicht weiß, wie so ein Paket angefasst werden soll, der ist verloren, sobald er es berührt, denn es zerplatzt in seiner Hand und zerschmettert ihn in tausend kleine Stücke.“

„Uff, uff!“, rief er aus, nun sichtlich erschrocken. „Bin ich diesen Paketen nahe gewesen?“

„So nahe, dass du dich, wenn du nicht herabgesprungen wärest, jetzt schon in den ewigen Jagdgründen befändest. Aber was wäre da von dir zu sehen? Keine Medizin, keine Skalplocke – nichts als kleine Fleisch- und Knochenstücke. Wie könntest du in solcher Gestalt als großer Häuptling in den ewigen Jagdgründen herrschen? Deine Überreste wären dort von den Geisterrossen vollends zermalmt und zertreten worden.“

„Uff! Wie gut, dass du mich gewarnt hast!“

„Du siehst daran, wie besorgt ich um euch bin. Nun aber lass uns die Friedenspfeife miteinander rauchen!“

„Das hast du doch schon mit dem listigen Fuchs getan.“

„Nur ich und der weiße Krieger, der hier neben mir steht. Willst du unsere Gefährten nicht ebenfalls begrüßen, so muss ich fürchten, dass eure Freundschaft nicht aufrichtig ist.“

Tangua dachte eine Weile nach und antwortete dann: „Wir befinden uns auf einem Kriegszug und haben den Kinnikinnik, den Tabak des Friedens, nicht bei uns.“

„Der Mund des Häuptlings der Kiowa redet anders, als sein Herz denkt. Ich sehe den Beutel des Kinnikinnik da an deinem Gürtel hängen. Lass uns also das Kalumet rauchen – du für deine Männer und ich für unsere Leute.“

Tangua brachte noch einige Ausflüchte an. Schließlich meinte er: „Ich werde mich mit meinen wichtigsten Kriegern besprechen.“ Darauf entfernte er sich.

„Damit gibt er zu, dass er nichts Gutes im Schilde führte“, sagte Sam. „Auf seine Freundschaft ist kein Verlass!“

Endlich waren die Indianer zu einer Entscheidung gekommen: Die Krieger, die uns umzingelt hatten, zogen sich zurück und Tangua zeigte eine weniger finstere Miene als vorher. „Ich habe mich mit meinen Kriegern beraten“, sagte er. „Sie sind einverstanden, dass ich das Kalumet mit meinem Bruder Sam rauche; das soll für alle gelten.“

Nachdem Sam und Tangua die Friedenspfeife geraucht hatten, konnten wir Ingenieure wieder an unsere Arbeit gehen, während Sam Hawkens, Will Parker und Dick Stone gemeinsam mit Tangua und seinen hervorragendsten Kriegern eine ausführliche Beratung abhielten, um die geplante Falle für die Apachen zu besprechen.

8. Winnetou in Fesseln

Unsere Arbeit schritt fort, und am übernächsten Morgen erreichten wir einen Bach, der ein teichartiges Becken bildete. Es hatte am Vortag stark geregnet, sodass das Wasser ziemlich hoch stand. Der Regen war uns übrigens sehr zupassgekommen, denn so hatte sich das Gras wieder so weit aufgerichtet, dass die Spuren der zweihundert Kiowa, die sich in der Nähe verborgen hielten, vollständig verschwunden waren.

Zu dem Teich führte eine schmale, freie Savannenzunge, die rechts und links von Bäumen und Sträuchern gesäumt wurde. In das Wasser ragte eine Halbinsel hinein, auf der ebenfalls Sträucher und Bäume wuchsen. Jenseits des Teiches stieg eine sanfte, dicht bewaldete Höhe an.

„Dies ist die Stelle, die unser Sam ausgesucht hat. Sie könnte für unseren Plan nicht besser passen", sagte Dick Stone. Er vertrat gemeinsam mit Will Parker Sam Hawkens, da dieser als Kundschafter den Apachen entgegengeritten war. Während er sich mit Kennermiene umblickte, erklärte er weiter: „Die Savanne, über die wir jetzt gekommen sind, ist mit vielen einzelnen Büschen bestanden. Das macht es den Kundschaftern der Apachen leicht, uns unbemerkt zu folgen. Seht ferner die offene Graszunge, die hierherführt. Wenn wir an dieser Stelle ein Lagerfeuer entfachen, leuchtet es bis weit in die Savanne hinein. Es wird die Apachen also anlocken. Sie können sich uns ganz bequem nähern, wenn sie sich zwischen den Bäumen und Sträuchern halten, die zu beiden Seiten dieser Zunge stehen. Wir konnten gar keinen besseren Platz finden, um überfallen zu werden!" Sein hageres, wetterhartes Gesicht glänzte dabei förmlich vor Zufriedenheit. „Und jetzt seht einmal über das Wasser hinüber!“, fuhr er fort. „Droben auf der Höhe, mitten im Wald, stecken die Kiowa.“

„Aber“, wandte der Oberingenieur ein, „was kann es uns, wenn wir überfallen werden, nützen, dass die Kiowa sich jenseits des Wassers da drüben im Wald befinden?“

„Da stecken sie nur einstweilen, damit sie nicht von den Spähern entdeckt werden, die die Apachen sicherlich aussenden werden. Sind die Späher aber fort, so kommen die Kiowa im Schutz der Dunkelheit herab und verstecken sich auf der Halbinsel.“

„Können die Kundschafter der Apachen nicht auch dorthin?“

„Sie könnten wohl, aber wir lassen sie nicht.“

„Wie wollt Ihr das erreichen, ohne dass sie Verdacht schöpfen, Mr Stone?“

„Wir versperren den Zugang mit unseren Pferden.“

„Pferde als Barrikade? Ist das möglich?“

„Jawohl. Wir binden sie dort an die Bäume. Dann könnt Ihr sicher sein, dass kein Indianer sich nähert, da die Pferde ihn durch ihr Schnauben verraten würden. Also: Wir lassen die Späher ruhig kommen und sich umsehen. Die Halbinsel betreten sie nicht. Wenn sie fort sind, um ihre Krieger zu holen, rücken die Kiowa herbei und verstecken sich auf der Halbinsel. Inzwischen schleichen sich die Apachen heran und warten, bis wir uns schlafen legen, um uns dann anzugreifen. Doch gegen unsere Übermacht werden sie keine Chance haben.“

Kurz nach Mittag sahen wir Sam Hawkens auf uns zukommen. Der kleine Mann war sichtlich ermüdet, aber seine listigen Äuglein blickten außerordentlich heiter über den dunklen Bartwald hinweg.

„Alles gelungen?", fragte ich.

„Jawohl. Ich habe nicht bloß die Kundschafter, sondern die ganze Schar gesehen und sogar belauscht."

Er setzte sich in meine Nähe, schaute uns einen nach dem anderen an und sagte dann: „Also, heute Abend geht der Tanz los! Es sind ungefähr fünfzig Mann mit Intschu tschuna und Winnetou an der Spitze. Ich konnte sie belauschen und habe dabei erfahren, dass sie uns lebendig fangen wollen."

„Also nicht töten?"

„O doch, ein wenig töten wollen sie uns, aber nicht sofort. Wollen uns nur fangen, ohne uns zu beschädigen, und uns zu ihren Dörfern am Rio Pecos schaffen. Dort sollen wir an die Marterpfähle gebunden und lebendig geschmort werden. Bin gespannt, was für ein Fleisch der alte Sam da geben wird, besonders wenn sie mich ganz in die Pfanne tun und mich in meinem Jagdrock braten – hihihihi!"

Er lachte in seiner stillen, heimlichen Weise vor sich hin und fuhr dann fort: „Haben es ganz besonders auf Mr Rattler abgesehen, der so still entzückt da hinten sitzt und mich verklärt anschaut. Ja, Mr Rattler, da habt Ihr Euch eine Suppe eingebrockt, die ich nicht auslöffeln möchte. Ihr werdet gespießt, gepfählt, vergiftet, erstochen, erschossen, gerädert und aufgehängt – immer hübsch eins nach dem andern und von jedem stets nur ein kleines bisschen, damit Ihr recht lange dabei leben bleibt und alle diese Qualen auch auskosten könnt. Und wenn Ihr dann trotz alledem noch nicht gestorben seid, so werdet Ihr mit Klekih-petra, den Ihr erschossen habt, in eine Grube gelegt und lebendig begraben."

„Mein Himmel! Sagten sie das?", fragte Rattler, dessen Gesicht vor Entsetzen todesbleich wurde.

„Freilich sagten sie es. Habt es auch verdient; kann Euch da nicht helfen. Will nur wünschen, dass Ihr dann, wenn Ihr alle diese Todesarten hinter Euch habt, nicht wieder eine so ruchlose Tat begeht. Die Leiche Klekih-petras ist einem Medizinmann übergeben worden, der sie nach Hause schafft. Ihr müsst nämlich wissen, dass die Indianervölker dieser Gegend ihre Toten so zu behandeln und zu konservieren verstehen, dass sie sich lange halten. Wenn wir alle gefangen werden, wird man uns das Vergnügen machen, zuzusehen, wie sie Mr Rattler bei lebendigem Leibe in eine solche Mumie verwandeln."

„Ich bleibe nicht hier!", rief der Genannte aus. „Ich gehe fort! Mich bekommen sie nicht!"

Er wollte aufspringen; Sam Hawkens aber zog ihn wieder zurück und warnte: „Keinen Schritt von hier fort, wenn Euch Euer Leben lieb ist! Die Apachen haben vielleicht schon die ganze Umgebung besetzt. Ihr würdet ihnen direkt in die Hände laufen. Übrigens sind sie, wie vermutet, auch gegen die Kiowa ausgerückt. Zu diesem großen Trupp wollen die beiden Häuptlinge stoßen, sobald sie mit uns fertig sind."

Endlich wurde es dunkel. Unser Feuer leuchtete über den Grasstreifen hinweg weit in die Savanne hinaus. Sam, als der Erfahrenste, versteckte sich ein Stück vor unserem Lager, um uns rechtzeitig von der Annäherung der Apachen benachrichtigen zu können. Wir aßen Abendbrot und lagerten uns so, als ob wir völlig arglos wären. Die Gewehre lagen ein großes Stück von uns entfernt, doch zur Halbinsel hin, damit wir sie später mitnehmen konnten. Die Insel war wie geplant durch unsere Pferde versperrt worden.

Es waren seit Anbruch der Dunkelheit wohl drei Stunden vergangen, da kehrte Sam lautlos wie ein Schatten zurück und meldete mit leiser Stimme: „Die Kundschafter kommen, zwei Mann – einer auf dieser und der andere auf jener Seite des Grasstreifens. Habe sie gehört und sogar auch gesehen."

Sie näherten sich uns also auf beiden Seiten des Grasstreifens, indem sie sich im Dunkel des Gebüsches hielten. Sam setzte sich zu uns und begann mit lauter Stimme eine Unterhaltung über den erstbesten Gegenstand, der ihm einfiel. Wir antworteten ihm, und so entspann sich ein Gespräch, dessen Lebhaftigkeit die Späher in Sicherheit wiegen sollte. Wir wussten, dass sie da waren und uns scharf beobachteten, hüteten uns aber sehr, auch nur einen einzigen misstrauischen Blick in das Gebüsch zu werfen.

Jetzt galt es vor allen Dingen, zu erfahren, wann sie sich wieder entfernten. Hören konnten wir es nicht und sehen auch nicht, und doch durften wir vom Augenblick ihres Rückzugs an keine Sekunde verlieren, da zu erwarten stand, dass schon kurze Zeit später die ganze Schar heranschleichen würde. Inzwischen aber mussten die Kiowa die Halbinsel besetzen. Da war es wohl am besten, nicht zu warten, bis sie sich entfernten, sondern sie dazu zu zwingen. Darum stand Sam auf, verkündete laut, dass er nach Feuerholz suchen wolle, und drang auf der einen Seite in die Büsche ein. Ich tat dasselbe auf der anderen Seite. Nun konnten wir sicher sein, dass die Späher sich fortgeschlichen hatten. Da ahmte Sam dreimal den Schrei eines Ochsenfrosches nach. Dies war das Zeichen, dass die Kiowa kommen sollten. Dann schlich er sich wieder vor auf seinen Lauschposten.

Inzwischen kamen die Kiowa herbeigehuscht, einer dicht hinter dem anderen, eine lange Reihe von zweihundert Kriegern. Wie Schlangen schoben sie sich hinter uns tief am Boden auf die Halbinsel zu.

Nun warteten wir auf Sam. Er kam und raunte uns leise zu: „Die Apachen nähern sich, und zwar wieder auf beiden Seiten, wie ich gehört habe. Legt kein Holz mehr nach! Lasst das Feuer so weit herunterbrennen, dass nur noch eine Glut übrig bleibt, an der die Apachen es rasch wieder entzünden können."

Jetzt musste ein jeder von uns mehr oder weniger Schauspieler sein. Wir wussten fünfzig Apachen in unmittelbarer Nähe und mussten doch ganz unbefangen tun. Wir hatten angenommen, dass die Feinde warten würden, bis wir eingeschlafen zu sein schienen. Aber was, wenn sie dies nicht taten, wenn sie eher über uns herfielen? Dann hatten wir zwar in den Kiowa zweihundert Helfer, aber es musste zum erbitterten Kampf, zum Blutvergießen kommen – und das konnte manchen von uns das Leben kosten.

Rattler lag lang ausgestreckt am Boden; er hatte sein Gesicht der Erde zugekehrt und stellte sich schlafend. Die Todesangst hatte ihn mit eiskalten Händen ergriffen. Seine „berühmten Westmänner" stierten einander mit bleichen Gesichtern an. Sie konnten nur abgerissene Worte hervorbringen und sollten doch an unserer Unterhaltung teilnehmen. Will Parker und Dick Stone saßen so gemütlich da, als ob es in der ganzen Welt nicht einen einzigen Apachen gäbe.

Sam Hawkens machte einen Witz nach dem anderen und ich lachte möglichst laut über seine Scherze.

Als das Feuer ziemlich heruntergebrannt war, taten wir so, als ob wir uns schlafen legten. Die Flamme wurde kleiner und kleiner, bis sie ganz erlosch. Nur die Asche glühte noch ein wenig. Jetzt galt es, uns leise in Sicherheit zu bringen. Ich langte nach meinem Gewehr und schob mich langsam fort. Sam hielt sich an meiner Seite und die anderen folgten. Es gelang allen, die Kiowa zu erreichen.

„Sam", flüsterte ich. „Wenn die beiden Häuptlinge wirklich geschont werden sollen, so dürfen wir keinen Kiowa an sie heranlassen. Seid Ihr einverstanden?"

„Ja."

„Ich nehme Winnetou auf mich und überlasse Intschu tschuna Stone, Parker und Euch."

„Ihr einen alleine und wir drei zusammen auch nur einen?"

„Ich werde durch meinen Schmetterschlag mit Winnetou schnell fertig, ihr aber müsst zu dritt sein, damit sein Vater sich gar nicht erst wehren kann. Denn wenn er Zeit und Raum zur Verteidigung bekommt, kann dies für ihn leicht Verletzungen oder gar den Tod nach sich ziehen."

Wir warteten nun in größter Spannung auf den Angriff. Endlich ertönte das schrille, durchdringende Kampfgeschrei der Apachen. Dann war plötzlich alles still. Einige Augenblicke regte sich nichts rundum. Dann hörten wir Intschu tschuna das eine kurze Wort „Ko!" rufen. Dieses Wort bedeutet „Feuer". Die Apachen gehorchten dem Befehl schnell und warfen Holz auf die glimmende Asche. Schon wenige Sekunden später loderten die Flammen neu empor und die Umgebung des Feuers war erhellt.

„Uff, uff, uff!“, riefen die Apachen verwundert, als sie sahen, dass wir fort waren.

Winnetou zeigte schon jetzt, trotz seiner Jugend, die Umsicht, welche ich später so oft an ihm bewundert habe. Er sagte sich, dass wir uns noch in der Nähe befinden müssten und die an dem Feuer stehenden, also beleuchteten Apachen im Nachteil seien, weil sie uns ein sicheres Zielen gestatteten. Darum rief er: „Tatischa, tatischa!“ Dieses Wort heißt „sich entfernen“. Er setzte auch schon zum Sprung an, doch ich kam ihm zuvor.

Vier, fünf schnelle Schritte hatten mich an den Kreis gebracht, der Winnetou und Intschu tschuna umgab. Rechts und links die mir im Wege stehenden Apachen auseinanderwerfend, drang ich hindurch, und Hawkens, Stone und Parker folgten mir auf dem Fuße. Winnetous Hand fuhr blitzschnell in den Gürtel, um das Messer zu ziehen, da aber traf ihn schon mein Faustschlag gegen die Schläfe. Er wankte und brach zusammen. Zugleich sah ich, dass Sam, Will und Dick seinen Vater gepackt hatten.

Die Apachen heulten vor Wut auf; aber ihr Geheul wurde noch übertönt von dem schrecklichen Brüllen der Kiowa, die sich nun auf sie warfen. Zweihundert Kiowa gegen vielleicht fünfzig Apachen, also vier gegen einen! Obwohl sich die Krieger Winnetous mit allen Kräften wehrten, war der Kampf schon fünf Minuten nach unserem Angriff zu Ende.

Intschu tschuna lag gefesselt am Boden, Winnetou besinnungslos neben ihm. Auch er wurde gebunden. Es war kein einziger Apache entkommen. Viele von ihnen waren verwundet, ebenso einige Kiowa, und leider gab es bei den Letzteren auch drei und bei den Apachen fünf Tote.

Die Besiegten waren alle gefesselt. Die Leichen wurden auf die Seite geschafft, die Verwundeten verbunden. Dann stellte sich die Frage, wie die Gefangenen die Nacht verbringen sollten. Ich wollte es ihnen so leicht wie möglich machen. Aber Tangua fuhr mich an: „Diese Hunde gehören nicht euch, sondern uns, und ich allein habe zu bestimmen, was mit ihnen geschehen soll: Sie kommen an den Marterpfahl."

„Alle?"

„Alle!"

„Das glaube ich nicht", wandte ich ein.

„Warum?"

„Weil du vorhin im Irrtum gewesen bist, als du sagtest, dass die Apachen euch gehörten. Das war falsch. Denn nach den Gesetzen des Westens gehört der Gefangene dem, der ihn zum Gefangenen gemacht hat. Nehmt euch also die Apachen, die ihr überwunden habt. Diejenigen aber, die wir ergriffen haben, gehören uns."

„Uff, uff! Wie klug du redest. Da wollt ihr wohl auch Intschu tschuna und Winnetou behalten?"

„Natürlich!"

„Und wenn ich sie euch nicht lasse?"

„Du wirst sie uns lassen!"

Da zog Tangua sein Messer, stieß es bis an das Heft in die Erde und drohte: „Legt ihr nur eine Hand an einen einzigen Apachen, so werden eure Leiber sein wie diese Stelle hier, in der mein Messer steckt. Ich habe gesprochen. Howgh!"

Das war sehr ernst gemeint. Ich hätte ihm aber doch gezeigt, dass ich keine Lust hatte, mich einschüchtern zu lassen, wenn der kluge Sam mich nicht mit einem warnenden Blick zu Ruhe und Vorsicht gemahnt hätte.

Tangua befahl nun, die Gefangenen aufrecht an die in der Nähe stehenden Bäume zu binden. Obwohl es ganz unmöglich war, dass ein Gefangener aus eigener Anstrengung loskommen und entfliehen konnte, ließ er zusätzlich Wachen aufstellen.

Wir lagerten uns ums Feuer. Die Kiowa entzündeten für sich in einiger Entfernung von uns eigene Lagerfeuer. Sie hatten sich bereits bei ihrer Ankunft nicht als freundlich erwiesen, und mein Wortwechsel mit ihrem Häuptling war nicht geeignet gewesen, ihre Gesinnung zu ändern. Die kalten, fast verächtlichen Blicke, welche sie uns zuwarfen, waren keineswegs vertrauenerweckend. Uns war klar, dass wir froh sein mussten, wenn es zu keinem weiteren Zusammenstoß zwischen ihnen und uns kam.

9. Die Befreiung

Die geplante Befreiung Intschu tschunas und Winnetous wurde dadurch erschwert, dass nur vier Personen davon wissen durften – nämlich Sam Hawkens, Dick Stone, Will Parker und ich. Die anderen wollten und durften wir nicht einweihen, weil sie wahrscheinlich dagegen gewesen und uns möglicherweise sogar an die Kiowa verraten hätten. Wir mussten also hoffen, dass sie später alle schlafen würden.

Es war bereits kurz nach Mitternacht, als unsere Gefährten schliefen und das Feuer niedergebrannt war. Die Kiowa unterhielten nur noch ein Feuer und hatten die anderen ausgehen lassen. Sam flüsterte mir zu: „Wir können nicht alle vier zugleich fort. Das würde auffallen. Es genügt, wenn zwei gehen."

„Zu denen gehöre natürlich ich!", antwortete ich in bestimmtem Ton.

„Oho, nicht so eilig, bester Sir! Die Sache ist lebensgefährlich. Seid vernünftig! Ihr seid noch zu neu und versteht vom Anschleichen so gut wie gar nichts."

„Möglich. Heute aber werde ich Euch beweisen, dass man auch etwas fertigbringt, das man nicht versteht. Man muss nur Lust dazu haben."

„Und Geschick, Sir, Geschick und Übung! Und das habt Ihr eben nicht."

„Es kommt auf eine Probe an: Es ist doch wichtig für uns, zu wissen, ob Tangua schläft, nicht wahr, Sam?"

„Ja. Ich will mich nachher einmal hinschleichen."

„Nein. Das werde ich tun. Dann habt Ihr Eure Probe."

„Aber wenn man Euch entdeckt?"

„So schadet es nichts, denn es gibt eine gute Ausrede: Ich habe mich überzeugen wollen, dass die Wachen ihre Schuldigkeit tun. Doch wenn ich die Probe bestehe, dürft Ihr Euch nicht mehr weigern mich mit zu Winnetou zu nehmen."

„Hm! Darüber müssten wir dann noch reden."

„Meinetwegen! Also ich darf jetzt zum Häuptling?"

„Ja. Aber nehmt Euch in Acht! Wenn man Euch erwischt, so schöpft man Verdacht – wenn auch nicht jetzt, so doch später, wenn Winnetou fort ist. Man wird denken, dass Ihr ihn losgeschnitten habt. Es sind noch wenigstens dreißig Kiowa munter, die Wächter gar nicht mitgerechnet. Wenn Ihr es fertigbringt, nicht bemerkt zu werden, so will ich Euch loben und bei mir denken, dass doch noch einmal, vielleicht nach zehn Jahren, ein Westmann aus Euch werden kann, obgleich Ihr trotz all meiner guten Lehren jetzt noch ein Greenhorn seid, wie man es so schön grün und unerfahren in keinem Zirkus zu sehen bekommt!"

Ich schob das Messer und die Revolver, um sie nicht etwa unterwegs zu verlieren, so fest wie möglich in den Gürtel und kroch vom Feuer fort. Heute, da ich dies erzähle, kenne ich die ganze Verwegenheit meines Vorhabens: Ich empfand große Zuneigung zu Winnetou. Darum wollte ich selbst ihn befreien! Auch wenn ich jetzt den Häuptling der Kiowa ganz glücklich beschlich, war anzunehmen, dass Sam seine Bedenken doch nicht fallen lassen würde. Deshalb wollte ich gar nicht erst darum betteln, sondern ihn vor vollendete Tatsachen stellen: Ich wollte nicht hin zu Tangua, sondern zu Winnetou!

Sam hatte mir oft gezeigt, wie man sich richtig anschleicht. Ich hatte es ihm nachgemacht, verfügte aber keineswegs über die Fertigkeit, die ich an jenem Tag eigentlich gebraucht hätte. Von unserem Lager bis dahin, wo Intschu tschuna und Winnetou an zwei nebeneinanderstehende Bäume gefesselt waren, war es ungefähr fünfzig Schritte weit. Ich hätte mich eigentlich so fortbewegen sollen, dass nur meine Finger und die Stiefelspitzen den Boden berührten. Dazu gehört aber eine Kraft und Ausdauer in den Zehen und Fingern, die man sich nur durch lange Übung aneignen kann und die mir fehlte. Darum kroch ich auf den Knien und Vorderarmen. Ehe ich die Hände an eine Stelle setzte, betastete ich sie daraufhin, ob vielleicht ein Stück dürres Holz dalag, das durch den Druck meines Körpers zerknickt werden und dadurch ein Geräusch verursachen konnte. Musste ich zwischen oder unter Zweigen hindurch, so flocht ich sie vorher sorgfältig zusammen, damit ich dann weiterkriechen konnte, ohne einen der Zweige versehentlich zu berühren und abzubrechen. So kam ich nach und nach vorwärts, wenn auch sehr, sehr langsam.

Ich hatte vielleicht die Hälfte meines Weges zurückgelegt und dazu über eine halbe Stunde gebraucht. Man stelle sich vor: in einer halben Stunde fünfundzwanzig Schritte!

Nach einer weiteren halben Stunde befand ich mich endlich hinter Winnetou. Glücklicherweise standen am Fuß der Bäume, an die Winnetou und sein Vater gefesselt waren, einige niedrige, aber dicht belaubte Büsche, die mich vor dem davorsitzenden Wächter verbargen.

Ich blieb einige Minuten still liegen, um diesen zu beobachten. Er schien müde zu sein, denn er hielt die Augen geschlossen und öffnete sie nur dann und wann schläfrig.

Zunächst galt es, zu erfahren, in welcher Weise Winnetou gefesselt war. Ich langte also vorsichtig um den Stamm herum und betastete seinen Fuß und seinen Unterschenkel. Ich fand heraus, dass die Füße an den Knöcheln zusammengebunden waren. Außerdem hatte man um sie und den Baum einen Riemen gezogen. Es waren hier also zwei Messerschnitte notwendig.

Dann blickte ich nach oben: Man hatte seine Hände von rechts und links nach hinten um den Baum gezogen und dann mit einem Riemen zusammengebunden. Da brauchte ich nur einen Schnitt zu tun.

Ich durchtrennte zunächst die beiden unteren Riemen. Den oberen konnte ich in meiner liegenden Stellung nicht erreichen. Ich musste also aufstehen. So aber war es beinahe sicher, dass mich der Wächter sah. Um seine Aufmerksamkeit abzulenken, hatte ich unterwegs etwas Sand in meine Tasche gesteckt. Davon warf ich nun eine Handvoll an Winnetou und dem Wächter vorbei in einen nahen Stachelstrauch. Das verursachte ein Rascheln. Der Kiowa wandte sich um und sah zu dem Strauch hinüber, beruhigte sich aber bald wieder. Ein zweiter Wurf erregte sein Bedenken: Es konnte eine giftige Schlange im Dickicht verborgen sein. Er stand auf und ging hin. Kaum kehrte er uns den Rücken zu, da war ich auch schon auf und durchschnitt die Riemen. Dabei fiel mir das herrliche Haar Winnetous in die Augen, das ihm schwer und lang über den Rücken fiel. Ich schnitt eine Strähne ab und ließ mich dann wieder zu Boden sinken.

Warum ich das tat? Um nötigenfalls einen Beweis in den Händen zu haben, dass ich es war, der ihn losgeschnitten hatte. Zu meiner Freude machte Winnetou nicht die

geringste Bewegung. Um seinen unbekannten Befreier nicht zu gefährden, stand er genauso wie vorher da. Ich wickelte das Haar um die Finger zu einem Ring zusammen und steckte es ein. Dann kroch ich zu Intschu tschuna hinüber, dessen Fesseln ich auf genau dieselbe Weise losschnitt. Der Häuptling war ebenso bedächtig wie sein Sohn und rührte sich nicht. Damit die Kiowa nicht herausfinden konnten, wie die Gefangenen befreit worden waren, nahm ich erst bei Intschu tschuna, dann bei Winnetou die Riemen weg und machte mich schleunigst auf den Rückweg.

Meine drei Gefährten hatten sich große Sorgen um mich gemacht. Als ich bei ihnen angekommen war und wieder zwischen ihnen lag, flüsterte mir Sam zu: „Wir hatten beinahe Angst, Sir! Wisst Ihr, wie lange Ihr fort gewesen seid? Fast zwei Stunden!“

„Das stimmt. Eine halbe Stunde hin, eine halbe her und eine ganze dort geblieben.“

„Warum musstet Ihr so lange dort bleiben?“

„Um zu sehen, ob der Häuptling schläft.“

„Wie habt Ihr das denn angefangen?“

„Ich habe ihn so lange beobachtet. Als er sich die ganze Zeit nicht bewegte, konnte ich sicher sein, dass er schläft.“

„So, ach, schön! Habt ihr das gehört, Dick und Will? Um zu erfahren, ob der Häuptling munter ist oder schläft, hat er ihn eine ganze Stunde lang angestarrt, hihihihi! Er ist und bleibt ein Greenhorn, ein unverbesserliches Greenhorn! Habt Ihr denn gar kein Hirn im Kopf, dass Euch kein besseres Mittel eingefallen ist? Ihr habt doch bestimmt unterwegs genug kleine Holz- oder Rindenstücke gefunden, nicht?“

„Schon.“

„So brauchtet Ihr nur so ein Holzstückchen oder ein wenig Erde nach dem Häuptling zu werfen. Wäre er wach gewesen, so hätte er sich sicher augenblicklich bewegt. Na, Ihr habt freilich auch geworfen, wenn ich mich nicht irre – Blick auf Blick, eine ganze Stunde lang, hihihihi!"

„Mag sein; aber meine Probe habe ich bestanden!"

„Ja, Eure Probe habt Ihr bestanden", gab Sam Hawkens zu. „Ihr habt den Häuptling eine ganze Stunde lang beobachtet, ohne dass Ihr dabei erwischt worden seid."

„Folglich werdet Ihr mir nun zutrauen, dass ich auch mit zu Winnetou kann, ohne Dummheiten zu machen."

„Hm! Die Angelegenheit ist so schwierig, dass ich nicht einmal weiß, ob es mir gelingen wird. Und … um Himmels willen, was ist denn das?" Sam rieb sich die Augen und fuhr dann fort: „Ja, bei Gott, es ist richtig! Dick, Will, schaut doch einmal hin, ob ihr Winnetou und Intschu tschuna noch seht!"

In diesem Augenblick sprang der Wächter, der die ihm Anvertrauten jetzt ebenfalls vermisste, auf, starrte die beiden verlassenen Bäume einige Augenblicke lang an und stieß dann einen lauten, durchdringenden Schrei aus.

Der Tumult, der nun folgte, war unbeschreiblich. Alles rannte zu den Bäumen hin. Über zweihundert Menschen umdrängten die Stelle, an der die Entflohenen noch vor wenigen Augenblicken gestanden hatten. Dabei gab es ein Wutgeheul, das mir sehr deutlich sagte, was mich erwartete, falls die Wahrheit an den Tag kommen sollte. Endlich gebot Tangua Ruhe und erteilte seine Befehle, woraufhin wenigstens die Hälfte seiner Leute forteilte, um trotz der Dunkelheit nach den Entflohenen zu suchen. Der Häuptling schäumte förmlich vor Wut. Er schlug dem unaufmerksamen Wächter mit der Faust ins Gesicht und riss ihm den Medizinbeutel vom Hals, um ihn auf den Boden zu werfen. Damit war der arme Teufel für ehrlos erklärt. Er sagte kein Wort der Entschuldigung oder des Zorns, sondern schulterte sein Gewehr und verschwand zwischen den Bäumen. Von heute an war er für seinen Stamm tot.

Die Wut des Häuptlings richtete sich aber auch gegen mich. Er kam auf mich zu und schrie mich an: „Du wolltest diese zwei Hunde für dich haben. Also lauf ihnen nach und fang sie wieder ein!"

Ich wollte mich von ihm abwenden, ohne zu antworten, da packte er mich beim Arm und rief: „Hast du gehört, was ich dir befohlen habe? Verfolgen sollst du sie!"

Ich schüttelte ihn von mir ab und antwortete: „Befohlen? Hast du mir zu befehlen?"

„Ja, denn ich bin der Häuptling dieses Lagers!"

Da zog ich die Blechbüchse, in der sich meine persönlichen Aufzeichnungen befanden, aus der Tasche und sagte: „Soll ich dir die richtige Antwort geben, indem ich dich mit allen deinen Kriegern in die Luft sprenge?"

Er wich weit zurück und schrie: „Uff, uff! So bleibe hier und sei ein Hund, wie jeder Apache einer ist!"

Angesichts der Überzahl seiner Leute erschien es mir klüger, diese Beleidigung ausnahmsweise ruhig hinzunehmen. Wir Weißen kehrten zu unserer Lagerstelle zurück, wo das Ereignis natürlich ausführlich besprochen wurde. Ich verriet nichts, auch nicht gegenüber Sam, Dick und Will. Es machte mir heimlich Spaß, die Erklärung dieses plötzlichen Verschwindens der Gefangenen in den Händen zu haben, während sie so eifrig und doch vergeblich danach suchten. Die Haarlocke Winnetous habe ich auf allen meinen Wanderungen durch den Westen bei mir getragen und besitze sie noch heute.

10. Zweikampf mit Blitzmesser

Die Kiowa zeigten uns gegenüber noch keine offene Feindseligkeit. Dennoch weckte ihr Verhalten in uns Sorge um unsere Sicherheit. Wir beschlossen daher, die restliche Nacht zu wachen.

Als der Tag anbrach, begannen die Kiowa wieder, nach den Spuren der entflohenen Häuptlinge zu suchen, die sie in der Nacht nicht hatten finden können. Sie trafen auf die Fährte und folgten ihr. So kamen sie zu der Stelle, an der die Apachen vor dem Überfall ihre Pferde unter der Aufsicht einiger Krieger zurückgelassen hatten. Intschu tschuna und Winnetou waren mit diesen Männern fortgeritten. Wir mussten damit rechnen, dass sie schon bald mit Verstärkung zurückkommen würden. Darum arbeiteten wir Ingenieure voller Eifer, um möglichst schnell mit unseren Messungen fertig zu werden.

Es war schon fast Mittag, als Sam Hawkens zu mir kam und sagte: „Ich muss Euch leider stören, Sir, denn die Kiowa scheinen ihre Gefangenen jetzt schon am Marterpfahl sterben lassen zu wollen."

„Das müssen wir verhindern! Wo ist der Häuptling?"

„Bei seinen Kriegern."

„Könnt Ihr ihn fortlocken und zu mir bringen, ohne dass er Verdacht schöpft, Sam? Sagt ihm ganz einfach, ich hätte ihm etwas mitzuteilen, könne aber nicht von meiner Arbeit fort. Da wird er die kurze Strecke vom Lagerplatz aus hierherkommen."

„Nun gut! Ich weiß nicht, ob das, was Ihr vorhabt, das Richtige ist. Aber auch mir fällt nichts Besseres ein. Also machen wir es, wie Ihr sagt. Wir riskieren zwar unser Leben, doch da ich keine Lust zum Sterben habe, denke ich, dass wir mit einem oder mit einigen blauen Augen davonkommen werden – hihihihi!" Heimlich in sich hineinlachend entfernte er sich, um Stone und Parker zu informieren und dann den Häuptling herbeizulocken.

Meine Kollegen befanden sich gar nicht weit von mir, hatten aber unser Gespräch nicht hören können. Es fiel mir auch gar nicht ein, ihnen mitzuteilen, was ich tun wollte, denn ich war überzeugt, dass sie mich aus Angst um ihr eigenes Leben an der Ausführung meines Plans gehindert hätten.

Ich arbeitete ruhig weiter und blickte nicht zurück, bis mir nach einiger Zeit Stone zurief: „Macht Euch fertig, Sir! Sie kommen!"

Ich wandte mich um. Sam kam mit Tangua. Leider waren noch drei Kiowa dabei.

„Jeder einen Mann", sagte ich. „Ich nehme den Häuptling."

Ich ging Tangua langsamen Schritts entgegen; Stone und Parker folgten mir. Der Häuptling schaute mich grimmig an und sagte: „Das Bleichgesicht, das Old Shatterhand genannt wird, möge sich kurz fassen, denn ich habe keine Zeit! Wir wollen die Hunde der Apachen heulen lassen."

„Wir werden es nicht zulassen, dass die Gefangenen gemartert werden."

Da reckte er seine Gestalt höher auf und antwortete in verächtlichem Ton: „Nicht zulassen? Für wen hältst du dich? Du bist gegen mich wie eine Kröte, die sich gegen den Bär des Felsengebirges auflehnen will. Die Gefangenen sind mein Eigentum, und ich tue mit ihnen, was ich will."

„Sie gerieten nur durch unsere Hilfe in eure Hände. Darum haben wir dasselbe Recht auf sie wie ihr. Wir wünschen, dass sie leben bleiben."

„Wünsche, was du willst, du weißer Hund; ich verlache deine Worte!"

Er spuckte vor mir aus und wollte sich abwenden; da traf ihn meine Faust, sodass er niederstürzte. Im nächsten Augenblick sah ich Sam Hawkens auf einem Kiowa knien. Stone und Parker rangen den zweiten nieder; der dritte rannte laut schreiend davon.

„So ein Pech, dass ich genau denselben packte, auf den es Stone auch abgesehen hatte! Auf diese Weise konnte der andere entkommen", meinte Parker, als wir den Häuptling und die beiden Krieger gefesselt hatten.

„Schadet nichts", tröstete Sam Hawkens. „Es hat ja keine andere üble Folge, als dass der Tanz etwas eher beginnt."

Wir trugen die drei gefesselten Indianer ein Stück in die offene Prärie hinaus und blieben schließlich an einer Stelle stehen, von der aus wir rundum freie Sicht hatten.

„Sie werden jeden Moment kommen. Lasst mich mit ihnen reden, unterstützt mich aber im geeigneten Augenblick, indem Ihr so tut, als ob Ihr den Häuptling erstechen wolltet", sagte Sam.

Da hörten wir auch schon das Wutgeheul der Kiowa. Einige Augenblicke später kamen sie um das Gebüsch herum auf uns zu. Der mutige Sam ging ihnen eine kurze Strecke entgegen und gab ihnen mit beiden Armen das Zeichen, stehen zu bleiben. Er sprach zu ihnen etwas, das ich nicht verstand, und deutete dabei wiederholt auf uns. Da forderte ich Stone und Parker auf, den Häuptling stehend aufzurichten, und schwang drohend ein Messer gegen ihn.

Die Kiowa ließen ein Schreckensgeheul hören. Schließlich löste sich ein Unterhäuptling aus der Schar und kam gemeinsam mit Sam würdevoll auf uns zugeschritten. Als sie uns erreichten, zeigte Sam auf unsere drei Gefangenen und sagte: „Du siehst, dass du die Wahrheit von mir gehört hast. Sie befinden sich vollständig in unserer Gewalt. Wenn der Häuptling zu sich gekommen ist und wieder sprechen kann, werden wir uns mit euch beraten. Aber sobald einer der Kiowa eine Waffe gegen uns erhebt, fährt das Messer Old Shatterhands in Tanguas Herz. Darauf kannst du dich verlassen!"

„Wie könntet ihr die Hand gegen uns erheben, die wir eure Freunde sind?"

„Freunde? Ist es etwa Sitte der Kiowa, ihre Freunde zu beleidigen?"

„Nein."

„Nun, euer Häuptling hat Old Shatterhand beleidigt, folglich dürfen wir euch nicht mehr als Freunde betrachten."

Jetzt schlug Tangua, den Stone und Parker wieder hingelegt hatten, die Augen auf. Er sah uns einen nach dem anderen an, als ob er sich auf das, was geschehen war, besinnen müsse. Dann schien ihm das Bewusstsein vollständig zurückzukehren und er rief aus: „Uff, uff! Old Shatterhand hat mich niedergeschlagen. Wer fesselte mich?"

„Ich. Denn Old Shatterhand lässt sich nicht ungestraft eine Kröte und einen weißen Hund nennen", antwortete ich.

„Ich verlange frei zu sein! Wenn du mir nicht gehorchst, werdet ihr von meinen Kriegern von der Erde vertilgt werden!"

„Aber vorher würde dich selbst das Verderben treffen. Denn wenn ein einziger deiner Leute sich uns ohne Erlaubnis nähert, fährt dir diese Messerklinge ins Herz. Howgh!“ Ich setzte ihm die Messerspitze auf die Brust.

Offenbar zweifelte er nicht daran, dass ich es ernst meinte. Er gab sich Mühe, seinen Zorn zu beherrschen, und fragte in ruhigerem Tone: „Was willst du denn von mir?“

„Nichts anderes als das, worum ich dich vorhin gebeten habe: Die Apachen sollen nicht am Marterpfahl sterben.“

Tangua schwieg. Dann gab er zu meiner Überraschung nach: „Dein Wunsch soll erfüllt werden. Die Hunde der Apachen sollen nicht gemartert werden. Ja, ich verspreche dir sogar, dass wir sie überhaupt nicht töten werden, wenn du auf meinen Vorschlag eingehst.“

„Welcher Vorschlag ist das?“

„Du sollst mit einem meiner Krieger auf Leben und Tod kämpfen. Ihr werdet nur mit euren Messern bewaffnet sein. Wenn er dich ersticht, müssen auch die Apachen sterben; erstichst du ihn, so bleiben sie leben.“

„Und kommen frei?“

„Ja.“

Ich konnte mir wohl denken, dass Tangua irgendeinen Hintergedanken hegte. Dennoch antwortete ich, ohne mich lange zu besinnen: „Ich bin einverstanden.“

„Was fällt Euch ein!“, rief da Sam Hawkens aus. „Ich kann unmöglich zulassen, dass Ihr die Dummheit begeht, auf diesen Kampf einzugehen, Sir!“

„Es ist keine Dummheit, lieber Sam.“

„Die größte, die es geben kann. Euer Gegner wird der beste Messerkämpfer der Kiowa sein! Außerdem: Glaubt Ihr denn wirklich, dass die Apachen freikommen?“

„Ja, denn wir werden das Kalumet rauchen, was als Schwur gilt."

„Der Teufel traue einem Schwur, bei dem hundert Hintergedanken zu vermuten sind!"

Er widersprach noch längere Zeit; auch Dick Stone und Will Parker rieten mir ab; ich blieb aber bei meinem Entschluss.

Nun wurde Folgendes vereinbart: Auf einer graslosen Stelle sollte eine Acht in den Sand gezeichnet werden. Jeder der beiden Gegner sollte sich in einen der beiden Kreise stellen. Während des Kampfes durfte er diesen nicht verlassen. Schonung sollte es nicht geben. Einer der beiden Gegner musste sterben, ohne dass der Tote gerächt werden durfte.

Als wir uns hierüber geeinigt hatten, wurden dem Häuptling die Fesseln abgenommen und ich rauchte das Kalumet mit ihm. Dann ließen wir auch die beiden anderen Gefesselten frei und die vier Indianer begaben sich zu ihren Kriegern, um sie von dem zu erwartenden Schauspiel zu unterrichten.

Bancroft und die anderen Ingenieure machten mir Vorwürfe, aber ich achtete nicht auf ihre Reden. Auch Sam, Dick und Will waren nicht mit mir einverstanden, doch zankten sie wenigstens nicht mit mir.

Die Indianer kamen jetzt langsam heranmarschiert und bildeten einen Dreiviertelkreis um den Kampfplatz. Das vierte Viertel füllten wir Weißen aus. Dann winkte der Häuptling. Aus der Reihe der Kiowa trat ein hünenhafter Krieger. Er legte alle seine Waffen außer dem Messer ab. Dann entkleidete er die obere Hälfte seines Körpers. Beim Anblick seiner Muskeln konnte einem angst und bange werden. Tangua verkündete mit siegesgewisser Stimme:

„Hier steht Metan-akva, das Blitzmesser. Er ist der stärkste Krieger der Kiowa, dessen Messer noch jeden Gegner besiegt hat. Er wird mit Old Shatterhand kämpfen."

Ich entkleidete meinen Oberkörper ebenfalls. Den Bärentöter und die Revolver übergab ich Sam.

Nun forderte der Häuptling uns auf, unsere Plätze einzunehmen. Blitzmesser musterte mich mit einem höchst verächtlichen Blick und sagte mit lauter Stimme: „Der Körper dieses schwachen Bleichgesichtes bebt vor Angst. Wird er es wagen, den Kampfplatz zu betreten?"

Kaum hatte er diese Worte gesprochen, so trat ich in die nach Süden liegende Schleife der Acht. Auf diese Weise bekam ich die Sonne in den Rücken, während der Kiowa, der ihr nun das Gesicht zuwenden musste, von ihr geblendet wurde.

„Er wagt es wirklich!", hohnlachte der Indianer. „Mein Messer wird ihn fressen. Der große Geist hat ihm den Verstand genommen."

„Du kämpfst mit dem Mund; ich aber stehe hier mit dem Messer. Nimm deinen Platz ein, wenn du dich nicht fürchtest!"

Da sprang er mit einem Satz in die andere Schlinge der Acht und schrie zornig: „Fürchten? Metan-akva soll sich fürchten? Habt ihr es gehört, ihr Krieger der Kiowa? Ich werde diesem weißen Hund mit dem ersten Stich das Leben nehmen!"

„Mein erster Stich wird dich um das deinige bringen. Nun schweig! Du solltest eigentlich nicht Metan-akva, sondern Avat-ya, Großmaul, heißen."

„Dieser stinkige Kojote wagt es, mich zu beschimpfen! Wohlan, die Geier sollen seine Eingeweide fressen!"

Diese Drohung war eine große Dummheit von ihm, denn so verriet er mir, wie er seine Waffe einsetzen wollte. Meine Eingeweide! Also wollte er mir wahrscheinlich keinen Stich ins Herz versetzen, sondern mir von unten herauf den Leib aufschlitzen. Die Richtung seines Angriffs kannte ich. Nun war die Hauptsache, den richtigen Moment abzupassen. Ich kannte das eigentümliche, blitzartige Zucken, das im Auge des Gegners zu bemerken ist, kurz bevor er zum Angriff übergeht.

„Stich zu, Hund!“, forderte er mich auf.

„Sprich nicht abermals, sondern handle, roter Knabe!“, antwortete ich.

Auf diese Beleidigung musste entweder eine zornige Antwort oder der Angriff erfolgen. Eine blitzartige Erweiterung seiner Pupille warnte mich und im nächsten Augenblick sprang er auf mich zu und stieß den rechten Arm mit dem Messer kraftvoll von unten nach oben, um mir den Leib aufzuschlitzen. Hätte ich einen Messerstoß von oben herab erwartet, wäre es um mich geschehen gewesen. So aber parierte ich seinen Angriff. Gedankenschnell stieß ich ihm meine Klinge abwärts in den Vorderarm und schlitzte diesen auf.

„Hund, räudiger!“, brüllte er, indem er den Arm zurückzog und vor Schreck und Schmerz das Messer fallen ließ.

„Nicht sprechen, sondern kämpfen!“, erwiderte ich abermals. Ich warf meinen Arm empor und dann … saß ihm meine Klinge bis zum Heft im Herzen. Ich zog sie augenblicklich wieder heraus. Der Riese wankte nur einmal hin und her, wollte schreien, brachte aber bloß einen ächzenden Seufzer hervor und stürzte dann tot zu Boden.

Die Indianer erhoben ein wütendes Geheul. Nur einer von ihnen stimmte nicht ein, nämlich Tangua, der Häuptling. Er kam herbei, bückte sich zu meinem Gegner herunter, betastete die Ränder der Stichwunde, richtete sich wieder auf und betrachtete mich mit einem Blick, den ich lange nicht vergessen konnte. Eine Mischung aus Wut, Entsetzen, Furcht, Bewunderung und Anerkennung lag darin. Dann wollte er sich wortlos entfernen.

Ich aber fragte: „Siehst du, dass ich noch auf meinem Platz stehe? Wer hat also gesiegt?"

„Du", zischte er wütend und fuhr fort: „Du bist ein Sohn des bösen Geistes. Unser Medizinmann soll dir den Zauber nehmen und dann wirst du uns dein Leben geben müssen."

„Tu mit deinem Medizinmann, was dir beliebt, aber halte nun dein Versprechen!"

„Welches Versprechen?", fragte er höhnisch.

„Dass die Apachen nicht getötet werden."

„Ich stehe zu meinem Wort: Wir werden sie nicht töten!"

„Und sie werden frei sein?"

„Sie sollen ihre Freiheit wiederhaben. Was Tangua, der Häuptling der Kiowa, sagt, geht stets in Erfüllung."

„So werde ich jetzt mit meinen Freunden gehen, um den Gefangenen die Fesseln abzunehmen."

„Das tue ich selbst, sobald die Zeit gekommen ist."

„Sie ist gekommen, denn ich habe gesiegt."

„Schweig! Haben wir vorhin über die Zeit gesprochen?"

„Sie wurde nicht erwähnt; aber es versteht sich doch ganz von selbst, dass …"

„Schweig!“, donnerte er mich abermals an. „Die Zeit habe ich zu bestimmen. Wir werden die Apachenhunde nicht töten. Aber was kann ich dafür, dass sie verhungern und verdursten, bevor ich sie freigeben kann?“

„Schuft!“, sagte ich ihm ins Gesicht. „Ich sage dir: Krümmst du den Apachen nur ein Haar, so ist es um euch geschehen. Du weißt, dass wir euch alle in die Luft sprengen können.“

Damit trat ich aus der Acht heraus und ging zu Sam. Dieser fasste mich mit beiden Händen und rief: „Willkommen, willkommen, Sir! Was seid Ihr doch für ein Geschöpf! Hat noch keine Büffel gesehen und schießt die stärksten aus der Herde! Hat noch keinen Grizzly gesehen und sticht ihn nieder, wie man in einen Apfel sticht! Und nun stellt er sich hier vor den stärksten und berühmtesten roten Messermann und trifft ihn gleich mit dem ersten Stich ins Herz, ohne selbst einen Kratzer zu bekommen! Nun müssen sie die Apachen freigeben!“

„Da werdet Ihr Euch wohl irren“, antwortete ich und wiederholte die Worte Tanguas.

Die Kiowa wären gewiss am liebsten über uns hergefallen. Das aber durften sie nicht, weil es mit der Friedenspfeife beraucht worden war, dass die Partei des Besiegten den Tod desselben nicht rächen dürfe. Daran war nun nicht zu rütteln. Bestimmt aber würden sie bald einen anderen Grund finden, um uns zu überfallen.

11. In der Gewalt der Apachen

Die Kiowa waren noch mit der Leiche ihres gefallenen Kameraden beschäftigt, als plötzlich von da, wo sich die Gefangenen mit ihren Wächtern befanden, ein schrilles, durchdringendes „Hiiiiiiiih!" erscholl. Das war der Kriegsruf der Apachen. Intschu tschuna und Winnetou waren wider alles Erwarten jetzt schon da und überfielen das Lager der Kiowa. Die Krieger der Kiowa, die sich bei uns befanden, horchten erschrocken auf. Dann schrie der Häuptling: „Feinde da unten bei unseren Brüdern! Schnell hin, schnell ihnen zu Hilfe!"

Er wollte fortstürmen; da aber trat ihm Sam Hawkens in den Weg und rief: „Bleib besser hier, denn wir sind ganz sicher auch schon umringt. Oder meinst du, die beiden Häuptlinge der Apachen sind so dumm, nur die Wächter anzugreifen und nicht zu wissen, wo du dich befindest? Sie werden im nächsten Augen…" Er hatte schnell und hastig gesprochen, kam aber dennoch nicht zu Ende, denn jetzt erscholl der fürchterliche, durch Mark und Bein schneidende Schlachtruf auch rund um uns herum.

Die Apachen hatten sich, durch die Büsche geschützt, herangeschlichen und uns vollständig umzingelt. Jetzt kamen sie von allen Seiten auf uns zugesprungen.

„Tötet keinen Apachen, ja keinen!", rief ich Sam, Dick und Will zu. Dann tobte auch schon der Nahkampf um uns herum. Wir vier beteiligten uns nicht an dem Gefecht. Bancroft und die drei anderen Ingenieure aber wehrten sich und wurden niedergeschossen – das war entsetzlich! Zugleich wurden Dick, Will, Sam und ich von einer bedeutenden Schar angefallen und auseinandergerissen. Zwar riefen wir unseren Angreifern zu, dass wir ihre Freunde seien, doch ohne Erfolg. Sie drangen mit Messern und Tomahawks auf uns ein, sodass wir uns schließlich doch wehren mussten. Wir schlugen mehrere Apachen mit dem Gewehrkolben nieder, wodurch sie Respekt bekamen und von uns abließen.

Diesen freien Augenblick nutzte ich zu einem schnellen Rundblick. Es gab keinen Kiowa, der nicht mehrere Apachen gegen sich hatte. Sam sah das auch und rief: „Schnell fort! Dort in die Sträucher hinein!“ Er deutete zu dem Gebüsch hinüber, das uns bereits Deckung gegen das Lager gegeben hatte, und rannte auf dasselbe zu. Dick Stone und Will Parker folgten ihm. Ich zögerte einige Augenblicke, indem ich zu der Stelle sah, wo sich die Ingenieure befunden hatten. Sie gehörten zu unseren Leuten und ich wäre ihnen gern zu Hilfe gekommen; aber es war zu spät dazu. Darum wandte ich mich nun auch den Büschen zu.

Ich hatte sie noch lange nicht erreicht, da stand plötzlich Intschu tschuna vor mir. „Der Länderdieb!“, rief er mir entgegen und drang mit seiner umgekehrten Silberbüchse auf mich ein, um mich niederzuschlagen. Ich rief ihm zwar einige erklärende Worte zu, die ihm sagen sollten, dass ich nicht sein Feind war. Aber er hörte nicht darauf und verdoppelte seine Stöße. Wenn ich nicht schwer verletzt oder gar erschlagen werden wollte, musste ich mich wehren. Als er wieder zum Hieb ausholte, warf ich meinen Bärentöter, mit dem ich die Angriffe bisher pariert hatte, weg. Im nächsten Moment hing ich mit der linken Hand an seinem Hals, während ich ihm mit der rechten Faust einen Hieb gegen die Schläfe versetzte. Er ließ seine Büchse fallen, röchelte kurz auf und fiel dann zu Boden.

Da hörte ich hinter mir Tangua jubeln: „Das ist Intschu tschuna, der oberste der Apachenhunde! Ich muss seinen Skalp haben!“ Er warf sein Gewehr weg, zog sein Messer und stürzte sich auf den besinnungslosen Apachen.

Ich fasste ihn beim Arm und rief: „Den habe ich besiegt; er gehört also nicht dir, sondern mir!“

„Schweig, weißes Ungeziefer! Dich muss ich nicht fragen. Der Häuptling ist mein! Lass mich los, sonst ...“ Er stach mit dem Messer nach mir und traf mich ins linke Handgelenk.

Da griff ich nach seiner Kehle und drückte diese zusammen, bis er sich nicht mehr bewegte. Dann beugte ich mich zu Intschu tschuna hinunter, dessen Gesicht aus meiner Handwunde mit Blut betropft worden war. In diesem Augenblick hörte ich ein Geräusch hinter mir und machte eine Wendung, um mich umzusehen. Diese Bewegung rettete mir das Leben, denn ich erhielt auf die Schulter einen fürchterlichen Kolbenhieb, der eigentlich meinem Kopf gegolten hatte. Wäre dieser getroffen worden, so hätte der Schlag mir den Schädel zerschmettert. Der ihn ausführte, war Winnetou. Er war soeben hinter dem Gebüsch hervorgekommen und hatte mich bei seinem blutbespritzten und wie leblos daliegenden Vater knien sehen.

Jetzt ließ er sein Gewehr fallen, zog sein Messer und holte zum Stoß gegen meine Brust aus – zu einem Stoß, der mir die ganze Klinge ins Herz getrieben hätte. Doch das Messer fuhr in meine linke Brusttasche, traf dort die schon erwähnte Blechbüchse, in der ich meine Papiere verwahrte, glitt daran ab und drang mir oberhalb des Halses durch die Kinnlade in den Mund und durch die Zunge. Winnetou zog das Messer wieder heraus und holte, mich

mit der linken Hand an der Gurgel packend, zum zweiten Stoß aus. Die Todesangst verdoppelt meine Kräfte. Winnetou lag mit seinem ganzen Gewicht auf mir. Doch ich fasste seine rechte Hand und presste diese so zusammen, dass er das Messer vor Schmerz fallen ließ. Dann nahm ich schnell seinen linken Arm beim Ellbogen und drückte ihn so nach oben, dass er, wenn er ihn nicht brechen wollte, die Hand von meinem Hals lassen musste. Nun zog ich die Knie an und schnellte mit aller Kraft empor. Darauf folgte ein wahrhaft satanisches Ringen zwischen uns. Dabei hätten einige Worte von mir zur Aufklärung genügt. Doch das Blut schoss mir in Strömen aus dem Mund, und als ich mit der durchstochenen Zunge zu sprechen versuchte, brachte ich nur ein unverständliches Lallen hervor.

Winnetou wandte all seine Kraft auf, um mich abzuwerfen, und ich lag auf ihm wie ein Alb, der nicht abzuschütteln ist. Er begann zu keuchen und keuchte immer stärker; ich presste ihm mit den Fingerspitzen den Kehlkopf so fest nach innen, dass ihm der Atem ausging. Sollte er ersticken? Nein, auf keinen Fall! Ich gab also für einen Augenblick seinen Hals frei, worauf er sofort den Kopf hob. Das brachte diesen für meine Absicht in die richtige Stellung: zwei, drei rasch aufeinanderfolgende Faustschläge und Winnetou war betäubt.

Ich holte tief Luft, wobei ich mich in Acht nehmen musste, nicht das Blut zu verschlucken, das mir den Mund füllte. Da hörte ich einen zornigen indianischen Ruf hinter mir und bekam einen Hieb gegen den Kopf, der mich besinnungslos niederstreckte.

Als ich wieder zu mir kam, war es Abend; so lange hatte ich offenbar ohne Besinnung dagelegen. Alle meine Glieder schmerzten, besonders aber der Kopf und die Schulter, an der Winnetou mich getroffen hatte. Das Blut lief mir noch immer aus dem Mund. Es wollte mir in die Kehle dringen und mich ersticken. Ich hörte ein fürchterliches Röcheln und Gurgeln und erwachte vollends. Derjenige, der so geröchelt hatte, war ich selbst.

„Er bewegt sich! Gott sei Dank, er bewegt sich!", hörte ich Sams Stimme rufen.

„Ja, ich habe es auch gesehen", antwortete Dick Stone.

„Jetzt macht er die Augen auf! Er lebt, er lebt!", fügte Will Parker hinzu.

Ich hatte allerdings die Augen geöffnet. Das, was der erste Blick mir zeigte, war keineswegs tröstlich. Wir befanden uns noch auf dem Platz, wo der Kampf stattgefunden hatte. Es brannten wohl über zwanzig Feuer, an denen mehr als fünfhundert Apachen lagerten. Viele von ihnen waren verwundet. Auch Tote hatte es auf beiden Seiten gegeben: Die Apachen hatten elf, die Kiowa dreißig ihrer Krieger eingebüßt. Rings um uns lagen die gefesselten Kiowa. Es war kein Einziger entkommen. Auch Tangua, der Häuptling, befand sich unter ihnen. Den Oberingenieur und die drei Ingenieure sah ich nicht. Sie hatten den Angriff nicht überlebt. In der Nähe sah ich einen Menschen liegen, dessen Körper ringförmig zusammengezogen war. Es war Rattler. Die Apachen hatten ihn krumm geschnürt, um ihm Schmerzen zu bereiten. Seine Gefährten waren gleich beim ersten Angriff erschossen worden. Ihn hatte man verschont, weil er als Mörder Klekih-petras für einen qualvolleren Tod bestimmt war.

Auch ich war an Händen und Füßen gefesselt, ebenso Parker und Stone, die zu meiner Linken lagen. Zu meiner Rechten saß Sam Hawkens. Er war an den Füßen gefesselt. Seine rechte Hand hatte man ihm auf den Rücken gebunden, die linke aber frei gelassen, damit er, wie ich später erfuhr, mir Hilfe leisten konnte.

„Dem Himmel sei Dank, dass Ihr wieder bei Euch seid, lieber Sir!“, sagte er, indem er mir mit der freien Hand liebkosend über das Gesicht strich. „Wie ist es nur gekommen, dass Ihr niedergeschlagen worden seid?“

Ich wollte antworten, konnte aber nicht, weil ich den Mund voll Blut hatte.

„Spuckt es aus!“, sagte er.

Ich folgte dieser Weisung, brachte aber nur wenige, undeutliche Worte hervor, dann hatte sich der Mund schon wieder mit Blut gefüllt. Infolge dieses großen Blutverlustes war ich zum Sterben matt. Meine Stimme war so leise, dass Sam sie kaum verstehen konnte: „Intschu tschuna gekämpft … Winnetou dazu … Mund gestochen … Kolbenhieb auf Kopf … von … weiß es … nicht.“

Die restlichen Worte erstickten im Blut. Es hatte, wie ich jetzt bemerkte, eine Lache gebildet, in der ich lag.

Sam berichtete: „Alle Wetter! Wer konnte das ahnen! Wir hätten uns ja gern ergeben, aber diese Apachen hörten gar nicht auf unsere Worte. Darum schlugen wir uns ins Gesträuch, um zu warten, bis sich ihr Grimm gelegt hätte, wenn ich mich nicht irre. Wir glaubten, Ihr hättet das auch getan, und suchten nach Euch. Als wir Euch aber nicht fanden, kroch ich zum Rand des Gebüsches. Da stand eine heulende Gruppe von Apachen um Intschu tschuna und Winnetou, welche tot zu sein schienen, aber bald zu sich kamen. Ihr lagt daneben – auch wie tot. Das erschreckte mich so, dass ich sofort diesen Will Parker und diesen Dick Stone hier holte und mit ihnen zu Euch hinlief, um zu sehen, ob vielleicht noch Leben in Euch sei.

Wir wurden natürlich gleich festgenommen. Ich sagte Intschu tschuna, dass wir Freunde der Apachen seien und gestern Abend die Absicht gehabt hätten, ihn und Winnetou zu befreien. Aber Intschu tschuna schenkte mir keinen Glauben und lachte mich aus. Nur Winnetou habe ich es zu verdanken, dass man mir diese eine Hand frei gelassen hat. Er ist es auch gewesen, der Euch verbunden hat, sonst wärt Ihr gar nicht wieder aufgewacht, sondern verblutet, wenn ich mich nicht irre. Ist der Stich tief eingedrungen?"

„Durch … die … Zunge", lallte ich.

„Alle Teufel! Das ist gefährlich. Werdet da ein ganz schönes Wundfieberchen bekommen. Außerdem kann man die zerstochene Zunge nicht verbinden. Ich werde …" Er redete weiter, doch ich hörte nicht mehr, was er sagte, weil ich wieder in Ohnmacht fiel.

12. Im Pueblo

Als ich das nächste Mal erwachte, fühlte ich, dass ich mich in Bewegung befand. Ich lag auf der Haut des Grizzlybären, den ich erstochen hatte. Sie war wie eine Hängematte zwischen zwei Pferde gebunden worden. Die Sonne warf glühende Strahlen auf mich herab. Mein Mund war geschwollen und voll von geronnenem Blut. Ich wollte es mit der Zunge ausstoßen, konnte sie aber nicht bewegen. Zugleich fühlte ich einen entsetzlichen Durst. Ich wollte „Wasser!“ rufen, brachte aber nicht einmal einen hörbaren Hauch hervor.

Wenig später schwanden mir erneut die Sinne. In meinen Fieberträumen kämpfte ich mit Indianern, Büffeln und Bären, machte Todesritte durch ausgedorrte Steppen, schwamm monatelang über uferlose Meere. Zuweilen hörte ich Sam Hawkens' Stimme wie aus weiter, weiter Ferne; zuweilen sah ich zwei dunkle Augen vor mir, die Augen Winnetous. Dann starb ich, wurde in den Sarg gelegt und begraben. Ich hörte, dass die Erdschollen auf den Sarg geschaufelt wurden, und lag dann eine ganze Ewigkeit, ohne mich bewegen zu können, in der Erde, bis auf einmal der Deckel meines Sarges geräuschlos nach oben schwebte und dann verschwand. Ich sah den hellen Himmel über mir; die vier Seiten des Grabes senkten sich. War dies denn wahr? Konnte dies geschehen? Ich langte mit der Hand nach meiner Stirn und …

„Halleluja! Er erwacht vom Tode!“, jubelte Sam. „Habt ihr gesehen, dass er sich mit der Hand an den Kopf gegriffen hat?“, schrie der kleine Westmann und beugte sich über mich. Sein Gesicht strahlte förmlich vor Entzücken.

Nun erschienen auch die Köpfe von Stone und Parker. Beide hatten Freudentränen in den Augen.

Sam nahm meine beiden Hände, drückte diejenige Stelle seines Bartes, unter welcher der Mund zu vermuten war, darauf und fragte: „Habt Ihr Hunger, Sir? Habt Ihr Durst? Werdet Ihr etwas essen oder trinken können?"

Ich schüttelte den Kopf, denn ich fühlte mich zu schwach, auch nur einen einzigen Wassertropfen zu mir zu nehmen.

„Nicht? Wirklich nicht? Ist das denn möglich! Wisst Ihr, wie lange Ihr hier gelegen habt?"

Ich antwortete wieder durch ein leichtes Kopfschütteln.

„Drei Wochen, volle drei Wochen! Ihr habt ein fürchterliches Wundfieber gehabt und seid dann in Starrkrampf gefallen. Die Apachen wollten Euch einscharren; aber ich konnte nicht an Euren Tod glauben und habe so lange gebettelt, bis Intschu tschuna erlaubte, Euch erst dann zu begraben, wenn die Fäulnis eintreten werde. Das haben wir der Fürsprache Winnetous zu verdanken. Ich muss hin zu ihm, muss ihn holen!"

Ich schloss die Augen und lag nun wieder still, erfüllt von einer friedlichen Müdigkeit. Ich wünschte, ewig so liegen bleiben zu können. Da hörte ich Schritte. Eine Hand betastete mich und bewegte meinen Arm. Dann vernahm ich die Stimme Winnetous: „Hat Sam Hawkens sich nicht geirrt? Ist Old Shatterhand wirklich wach gewesen?"

„Ja, ja. Wir drei haben es ganz deutlich gesehen. Er hat sogar mit Nicken und Kopfschütteln auf meine Fragen geantwortet."

„So ist ein großes Wunder geschehen. Aber es wäre besser, wenn er tot geblieben wäre. Er ist nur ins Leben zurückgekehrt, um zu sterben. Er wird mit euch wieder in den Tod gehen."

„Aber er ist der beste Freund der Apachen!"

„Er hat mich zweimal niedergeschlagen."

„Weil er musste!"

„Er hat nicht gemusst!"

„O doch: Das erste Mal tat er es, um dir das Leben zu retten. Du hattest dich gewehrt und wärst von den Kiowa ermordet worden. Und das zweite Mal hat er sich gegen dich wehren müssen. Wir wollten uns freiwillig ergeben, konnten das aber nicht, weil eure Krieger nicht auf unsere Versicherungen hörten."

„Das sagt Hawkens nur, um sich zu retten."

„Nein, es ist die Wahrheit."

„Deine Zunge lügt. Alles, was du mir erzählt hast, um dem Martertod zu entgehen, hat nur die Folge gehabt, uns zu überzeugen, dass ihr noch größere Feinde von uns wart als die Kiowahunde. Du bist uns entgegengeschlichen und hast uns belauscht. Wärst du unser Freund gewesen, so hättest du uns gewarnt. Dann wären wir nicht dort am Wasser überfallen und an die Bäume gebunden worden. Du ersinnst Ausreden, welche ein jedes Kind durchschauen muss. Hältst du Intschu tschuna und Winnetou für so dumm?"

„Das fällt mir ganz und gar nicht ein. Wäre Old Shatterhand bei Bewusstsein und könnte er sprechen, so würde er dir mitteilen, dass ich die Wahrheit gesagt habe."

„Ja, er würde ebenso lügen wie du. Die Bleichgesichter sind alle Lügner und Betrüger. Ich habe nur einen einzigen

Weißen gekannt, in dessen Herz die Wahrheit wohnte: Klekih-petra, den ihr ermordet habt. In diesem Old Shatterhand hätte ich mich beinahe getäuscht. Ich sah seine Kühnheit und seine Körperkraft und bewunderte ihn. In seinem Auge schien die Aufrichtigkeit ihren Sitz zu haben, und ich glaubte ihn lieben zu können. Aber er war genauso ein Länderdieb wie die anderen. Und er verhinderte auch nicht, dass wir in eine Falle gelockt wurden, und hat mir zweimal seine Faust an den Kopf geschlagen. Warum hat der große Geist einen solchen Mann geschaffen und ihm ein so falsches Herz gegeben?"

Ich hatte ihn, als er mich berührte, ansehen wollen; doch mein matter Körper wollte mir nicht folgen. Aber jetzt, als ich dieses Urteil Winnetous hörte, gehorchten mir die Augenlider. Sie öffneten sich und ich sah ihn neben mir stehen. Er war jetzt mit einem leichten, leinenen Gewand bekleidet, trug keine Waffe und hielt einen Gedichtband in der Hand. Dieser Indianer, dieser Sohn eines Volkes, das man zu den „Wilden" zählt, konnte also nicht nur lesen, sondern befasste sich sogar mit Literatur!

„Er hat die Augen wieder offen!", rief da Sam.

Winnetou drehte sich zu mir um und sah mich lange an. Dann fragte er: „Kannst du reden?"

Ich schüttelte den Kopf.

„Dann antworte durch Zeichen. Und sei aufrichtig mit mir! Wenn man vom Tode erwacht, kann man keine Unwahrheit sagen. Habt ihr vier Männer uns wirklich retten wollen?"

Ich nickte zweimal.

Da machte er eine verächtliche Handbewegung und rief: „Lüge! Hättest du mir die Wahrheit gestanden, so wäre mir vielleicht der Gedanke gekommen, dass du anders, dass du besser werden könntest, und ich hätte Intschu tschuna, meinen Vater, gebeten, dir das Leben zu schenken. Aber du bist einer solchen Fürbitte nicht wert und musst sterben. Wir werden dich aufmerksam pflegen, damit du sehr schnell wieder gesund und kräftig genug wirst, die Qualen, die dich erwarten, auszuhalten. Als kranker, schwacher Mann schnell zu sterben, das ist keine Strafe."

Länger konnte ich die Augen nicht offen halten. Hätte ich doch reden können!

Ich hörte, wie Sam den jungen Apachenhäuptling zu überzeugen versuchte: „Aber ich habe dir doch gesagt, dass wir auf eurer Seite waren. Frag Tangua, den Häuptling der Kiowa, der sich noch in euren Händen befindet! Old Shatterhand hat sogar mit Blitzmesser gekämpft und ihn besiegt, um die gefangenen Apachen vor dem Marterpfahl zu bewahren. Er hat also sein Leben für euch gewagt – und zum Lohn soll er nun selbst gemartert werden?"

„Das hast du schon einmal behauptet. Aber ich habe Tangua gefragt. Und er hat mir versichert, dass du lügst. Er sagt, dass Blitzmesser von unseren Kriegern im Kampf getötet wurde, als wir euer Lager überfielen."

„Das ist eine großartige Schlechtigkeit von Tangua. Er weiß, dass wir heimlich auf eurer Seite standen, und will sich nun dadurch rächen, dass er uns ins Verderben stürzt."

„Er hat es mir beim großen Geist geschworen, also glaube ich ihm und nicht euch. Wir haben euch bisher mehr Freiheit gelassen als den anderen Gefangenen, damit ihr Old Shatterhand Hilfe leisten konntet. Ihr seid dieser

Nachsicht nicht wert und werdet von nun an strenger gehalten werden. Der Kranke braucht euch nicht mehr. Folgt mir jetzt! Ich werde euch den Ort anweisen, den ihr nun nicht mehr verlassen dürft."

„Nur das nicht, Winnetou!", rief Sam erschrocken. „Ich kann mich unmöglich von Old Shatterhand trennen!"

„Du kannst es, denn ich befehle es dir!"

„Aber wir bitten dich, uns wenigstens …"

„Still!", unterbrach ihn der Apache. „Ich will kein Wort dagegen hören! Werdet ihr mit mir gehen oder soll ich euch durch meine Krieger fesseln und fortschaffen lassen?"

„Wir befinden uns in eurer Gewalt und müssen daher gehorchen. Wann dürfen wir Old Shatterhand wiedersehen?"

„Am Tage eures und seines Todes."

„Eher nicht?"

„Nein."

„So lass uns wenigstens von ihm Abschied nehmen!"

Er ergriff meine Hände und ich fühlte seinen Bartwald auf meinem Gesicht, denn er gab mir einen Kuss auf die Stirn. Parker und Stone folgten seinem Beispiel; dann gingen sie mit Winnetou fort. Bald darauf kamen einige Apachen und trugen mich fort. Wohin, das wusste ich nicht, da ich zu schwach war die Augen noch einmal aufzuschlagen. Noch während sie mich trugen, schlief ich wieder ein.

Wie lange ich geschlafen habe, weiß ich nicht. Es war die Art von Genesungsschlaf, die immer tief zu sein und sehr lange zu währen pflegt. Als ich erwachte, war ich bei Weitem nicht mehr so schwach wie vorher. Ich konnte die

Zunge einigermaßen bewegen und mit dem Finger in den Mund langen, um diesen von dem geronnenen Blut und dem Wundeiter zu reinigen.

Ich befand mich in einem viereckigen Raum. Mein Lager war in der hinteren Ecke. Man hatte da mehrere Grizzlybärenfelle übereinandergelegt und eine sehr schöne, indianische Santillodecke über mich gebreitet. In der Ecke neben der Tür saßen zwei Indianerinnen. Die jüngere der beiden war sehr schön. Ihr langes, herrliches Haar war zu zwei starken, bläulich schwarzen Zöpfen geflochten, die ihr weit über die Hüften herabreichten. Dieses Haar erinnerte mich an dasjenige von Winnetou. Auch ihre Gesichtszüge waren den seinigen ähnlich. Sie hatte dieselben samtschwarzen Augen. Ihre Haut war von heller Kupferbronze mit einem Silberhauch. Dieses Mädchen mochte achtzehn Jahre zählen, und ich wäre jede Wette darauf eingegangen, dass es die Schwester Winnetous war.

Ich richtete mich auf. Es fiel mir nicht einmal übermäßig schwer, während ich, ehe ich zum letzten Mal eingeschlafen war, vor Schwäche nicht einmal die Augen hatte öffnen können.

Die Ältere hörte diese Bewegung, sah zu mir her und rief, indem sie auf mich deutete: „Uff! Aguan inta-hinta!"

Das Mädchen blickte auf und trat zu mir. „Du bist wach geworden", sagte sie zu meinem Erstaunen in einem ziemlich fließenden Englisch. „Hast du einen Wunsch?"

Ich versuchte, trotz meiner verletzten Zunge zu antworten: „Ja, ich … habe sogar … mehrere Wünsche."

Wie froh war ich, als ich meine Stimme hörte. Sie klang mir freilich fremd. Die Worte kamen gepresst und pfeifend heraus und verursachten mir im hinteren Mundbereich Schmerzen. Aber es waren doch eben wieder Worte, nachdem ich drei Wochen lang zu keiner Silbe fähig gewesen war.

„Sprich leise oder nur durch Zeichen", sagte sie. „Nscho-tschi hört, dass dich das Reden schmerzt."

„Nscho-tschi ist dein Name?", fragte ich.

„Ja. In der Sprache der Bleichgesichter bedeutet das ‚Schöner Tag'."

„So danke dem, der ihn dir gegeben hat. Du konntest keinen passenderen bekommen, denn du bist wie ein schöner Frühlingstag, an dem die ersten Blumen des Jahres zu duften beginnen."

Sie errötete leicht und erinnerte mich: „Du wolltest mir deine Wünsche sagen. Denn ich habe von Winnetou, meinem Bruder, den Befehl erhalten, dich zu pflegen."

„Ich dachte mir, dass du seine Schwester bist."

„Du hast ihn töten wollen!" Das klang halb wie eine Behauptung und halb wie eine Frage. Sie blickte mir dabei so forschend in die Augen, als ob sie mein Inneres ergründen wolle.

„Nein", entgegnete ich.

Wieder ruhten ihre dunklen Augen längere Zeit auf mir. Dann sagte sie: „Er glaubt euch nicht. Hast du Schmerzen im Mund?"

„Jetzt nicht."

„Wirst du etwas Wasser trinken können?"

„Ich will es versuchen."

„Dann werde ich dir etwas holen." Sie ging mit der Alten fort.

Seltsam. Winnetou hielt uns für seine Feinde und schenkte unseren Beteuerungen keinen Glauben. Und doch hatte er seiner eigenen Schwester meine Pflege übertragen.

Nach einiger Zeit kamen die beiden Squaws zurück. Die jüngere hatte ein tassenähnliches Gefäß aus braunem

Ton in der Hand, wie die Pueblo-Indianer sie zu fertigen pflegen. Es war mit kühlem Wasser gefüllt. Sie hielt mich noch für zu schwach, ohne Hilfe zu trinken, und gab es mir deshalb an den Mund.

Das Trinken bereitete mir große Schmerzen. Aber es ging, es musste gehen, wenn ich wieder zu Kräften kommen wollte. Nscho-tschi half mir, mich zu waschen. Dann fragte sie mitleidig: „Bist du stets so hager gewesen wie jetzt?"

Hager? Ach, daran hatte ich noch gar nicht gedacht: Drei lange Fieberwochen und dazu den Wundstarrkrampf, der fast stets tödlich verläuft. Dazu keinen Bissen gegessen und keinen Tropfen getrunken! Das konnte natürlich nicht ohne Wirkung geblieben sein. Ich befühlte meine Wangen und antwortete dann: „Ich bin nie hager gewesen."

„So sieh einmal dein Bild im Wasser hier!"

Ich schaute in den ausgehöhlten Kürbis, der als Waschschüssel diente, und fuhr erschrocken zurück. Aus dem Wasser blickte mir der Kopf eines Skeletts entgegen.

„Welch ein Wunder, dass ich noch lebe!", rief ich aus.

„Ja, Winnetou sagte das auch. Du hast sogar den langen Ritt hierher überstanden. Der große, gute Geist hat dir einen außerordentlich starken Körper gegeben, denn ein anderer hätte es nicht fünf Tage unterwegs ausgehalten."

„Fünf Tage? Wo befinden wir uns?"

„In unserem Pueblo am Rio Pecos."

„Sind die gefangenen Kiowa auch da?"

„Ja. Eigentlich sollten sie getötet werden. Jeder andere Stamm würde sie zu Tode martern, aber Klekih-petra hat uns über die Güte des großen Geistes belehrt. Wenn die Kiowa einen Preis der Sühne zahlen, dürfen sie heimkehren."

„Und meine drei Gefährten? Weißt du, wo sie sind?“

„Sie befinden sich in einem ähnlichen Raum wie diesem.“

„Wie geht es ihnen?“

„Sie sind angebunden. Aber sie leiden keine Not, denn wer am Marterpfahl sterben soll, muss kräftig sein.“

„Also sie sollen sterben – wirklich sterben?“

„Ja.“

„Auch ich?“

„Auch du.“

„Kann ich sie sprechen oder sie wenigstens einmal von Weitem sehen?“, bat ich.

„Das ist verboten.“

„Oder ihnen eine Botschaft senden?“

„Auch das ist untersagt.“

„Ihnen nur sagen lassen, wie ich mich befinde?“

Sie überlegte eine Weile und antwortete dann: „Ich will Winnetou darum bitten, dass sie erfahren, wie es dir geht.“

„Wird Winnetou einmal zu mir kommen?“

„Nein.“

„Aber ich habe mit ihm zu sprechen!“

„Er nicht mit dir.“

„Was ich ihm zu sagen habe, ist sehr wichtig für mich und meine Gefährten.“

„Er wird nicht kommen. Soll vielleicht ich es ihm sagen, wenn es etwas ist, das du mir anvertrauen kannst?“

„Nein, ich danke dir. Ich könnte es dir wohl sagen. Aber wenn er zu stolz ist, mit mir zu sprechen, so habe auch ich meinen Stolz, nicht durch einen Boten mit ihm zu reden.“

„Du wirst ihn nicht eher als am Tage deines Todes sehen. Ich gehe jetzt. Wenn du etwas brauchst, so gib ein Zeichen mit dieser Pfeife."

Es braucht wohl kaum erwähnt zu werden, dass mein Gespräch mit Nscho-tschi nicht so glatt verlief, wie es sich lesen lässt. Das Reden machte mir Schwierigkeiten und war mit ziemlichen Schmerzen verbunden; ich sprach also sehr langsam und musste oft innehalten. Ermattet schlief ich ein, als Nscho-tschi sich entfernt hatte.

Als ich einige Stunden darauf erwachte, hatte ich großen Durst und einen wahrhaft bärenmäßigen Appetit. Ich blies in das Pfeifchen. Augenblicklich erschien die alte Indianerin, die draußen vor der Tür gesessen haben musste. Ich machte das Zeichen des Trinkens und des Kauens, worauf sie verschwand. Kurze Zeit darauf kam Nscho-tschi mit einer tönernen Schüssel und einem Löffel. Sie kniete neben meinem Lager nieder und gab mir löffelweise zu essen.

Das Essen fiel mir natürlich noch viel schwerer als das Trinken. Ich konnte die Schmerzen kaum aushalten und hätte bei jedem Löffel laut aufschreien mögen; aber wenn ich nicht verhungern wollte, musste ich etwas zu mir nehmen. Darum gab ich mir Mühe, mir meine Qual nicht anmerken zu lassen, konnte aber nicht verhindern, dass mir das Wasser dabei aus den Augen lief. Nscho-tschi bemerkte es und sagte, als ich den letzten Löffel glücklich überwunden hatte: „Du bist zum Umfallen schwach, aber dennoch ein Held. Wärst du doch als Apache und nicht als lügenhaftes Bleichgesicht geboren!"

„Ich lüge nicht, ich lüge nie; das wirst du schon noch einsehen!"

„Ich möchte es dir sehr gern glauben; aber es gab nur ein einziges Bleichgesicht, das die Wahrheit redete. Das war Klekih-petra, den wir alle liebten. Ihr habt ihn ermordet. Dafür werdet ihr sterben müssen und mit ihm begraben werden."

Insgeheim glaubte ich noch gar nicht an meinen Tod, sondern war überzeugt, dass ich am Leben bleiben würde. Denn mithilfe der Strähne, die ich Winnetou abgeschnitten hatte, hoffte ich meine guten Absichten beweisen zu können. Aber besaß ich sie wirklich noch? Hatte man sie mir nicht abgenommen? Erschrocken untersuchte ich meine Taschen und fand zu meinem freudigen Erstaunen, dass man mir außer den Waffen alles gelassen hatte. Ich zog die Blechbüchse hervor. Meine Aufzeichnungen befanden sich noch darin und zwischen ihnen die Locke Winnetous. Ich steckte sie wieder ein und legte mich beruhigt hin, um wieder einzuschlafen.

Als Nscho-tschi das nächste Mal kam, um mir Essen zu bringen, berichtete sie: „Ich war bei den drei Bleichgesichtern, die mit dir gefangen worden sind. Ich wollte ihnen sagen, dass du dich besser fühlst und bald wieder gesund sein wirst. Da bat mich derjenige, der Sam Hawkens heißt, dir etwas zu geben, das er während der drei Wochen, in denen er dich pflegte, für dich angefertigt hat. Hier ist es. Du musst ein kühner Mann sein, dass du es wagst, den grauen Bären bloß mit dem Messer anzugreifen. Sam Hawkens hat es mir erzählt." Damit gab sie mir eine Kette, die Sam aus den Zähnen und Krallen des Grizzlybären angefertigt hatte.

„Trag sie gleich heute, denn du wirst dich nicht lange über sie freuen können."

„Wohl weil ich nun bald sterben muss?“

„Ja.“

Sie nahm mir die Kette aus der Hand und legte sie mir um den Hals. Ich habe sie von diesem Tag an stets getragen, sooft ich im Wilden Westen war, und antwortete jetzt der schönen Indianerin: „Sorge dich nicht, denn ich werde sie hoffentlich noch viele Jahre tragen. Eure Krieger werden mich nicht töten!“

„Gewiss! Es ist im Rat der Alten beschlossen worden.“

„So werden sie anders beschließen, wenn sie hören, dass ich unschuldig bin.“

„Das glauben sie nicht!“

„Sie werden es glauben, denn ich kann es beweisen.“

„Beweise es! Ich würde mich sehr freuen, wenn ich hörte, dass du kein Lügner und Verräter bist. Sage mir, womit du es beweisen kannst, damit ich es Winnetou mitteile!“

„Er mag zu mir kommen, um es zu erfahren.“

„Das tut er nicht.“

„So erfährt er es nicht. Ich bin nicht gewohnt, mir Freundschaft zu erbetteln oder durch Boten mit jemanden zu verkehren, der selber zu mir kommen kann.“

Mein Zustand verbesserte sich von Tag zu Tag. Das Skelett bekam wieder Muskeln und die Geschwulst im Munde nahm stetig ab. Nscho-tschi blieb ganz dieselbe, immer freundlich besorgt und dabei überzeugt, dass mir der Tod immer näher rücke. Später bemerkte ich, dass ihr Auge, wenn sie sich unbeobachtet glaubte, mit einem wehmütigen, still fragenden Blick auf mir ruhte. Anscheinend fing sie an mich zu bedauern.

Ich verließ mich zwar auf die Haarlocke, aber es war doch möglich, dass sie die beabsichtigte Wirkung verfehlte. Dann konnte ich mich nur auf mich selbst verlassen – auf mich und meine Körperstärke, und diese Kraft musste ich üben. Aber wie?

Ich sagte Nscho-tschi, dass ich das niedrige Sitzen nicht gewohnt sei, und bat sie um einen Stein als Sitzgelegenheit. So erhielt ich mehrere Steine von verschiedener Größe, mit denen ich, sobald ich allein war, meine Muskeln trainieren konnte. Gegen meine Pflegerinnen simulierte ich Schwäche. In Wirklichkeit aber fiel es mir schon nach vierzehn Tagen nicht mehr schwer, den größten Stein mehrmals nacheinander emporzuheben. Bald wusste ich, dass ich meine frühere Körperkraft vollständig wiederhatte.

13. Am Marterpfahl

Ich war nun sechs Wochen hier und hatte noch nichts davon gehört, dass die gefangenen Kiowa entlassen worden seien. Da, es war an einem sonnigen Spätherbstmorgen, brachte Nscho-tschi mir mein Frühstück und setzte sich, während ich aß, zu mir. Ihr Blick blieb weich und mit einem feuchten Schimmer auf mir haften, und schließlich rollte ihr sogar eine Träne über die Wange.

„Du weinst?", fragte ich. „Was ist geschehen?"

„Es soll erst geschehen, heute. Die Kiowa werden freigelassen. Ihre Boten sind in dieser Nacht mit dem Lösegeld angekommen."

„Und das betrübt dich so? Du müsstest dich doch eigentlich darüber freuen."

„Du ahnst nicht, was dir bevorsteht. Der Abschied der Kiowa soll dadurch gefeiert werden, dass man dich und deine drei weißen Brüder an die Marterpfähle bindet."

Ich hatte das schon lange kommen sehen und erschrak doch, als ich es hörte. Also heute war der Tag der Entscheidung, vielleicht mein letzter Tag! Ich heuchelte Gleichgültigkeit und aß scheinbar ruhig weiter. Als ich fertig war, gab ich ihr das leere Gefäß. Sie nahm es, stand auf und ging.

An der Tür machte sie kehrt, kam noch einmal zu mir, ergriff meine Hand und sagte, ihre Tränen nicht länger zurückhaltend: „Ich kann jetzt zum letzten Mal zu dir sprechen. Leb wohl! Du wirst Old Shatterhand genannt und bist ein starker Krieger. Sei auch stark, wenn sie dich martern! Nscho-tschi ist sehr betrübt über deinen Tod; aber sie würde sich sehr freuen, wenn keine Qual es vermöchte, dir einen Laut des Schmerzes und der Klage zu entlocken. Mach mir diese Freude und stirb als Held!“

Nach dieser Bitte eilte sie hinaus. Ich trat an den Eingang, um ihr nachzublicken. Da wurden zwei Gewehrläufe auf mich gerichtet. An eine Flucht war nicht zu denken.

Was sollte ich tun? Das Beste war jedenfalls, das Kommende ruhig abzuwarten und im gegebenen Augenblick die Wirkung der Haarlocke zu erproben. Der Blick ins Freie hatte mir gezeigt, dass ein Fluchtgedanke Wahnsinn gewesen wäre. Pueblos füllen gewöhnlich tiefe Felsenlücken aus, bestehen durchweg aus festem Stein- und Mauerwerk und setzen sich aus einzelnen Stockwerken zusammen. Jedes höhere Stockwerk tritt ein Stück zurück, sodass vor ihm eine Plattform liegt, die zugleich das Dach der darunterliegenden Etage bildet. Die einzelnen Stockwerke sind nicht etwa im Innern durch Treppen verbunden, sondern man gelangt zu ihnen nur von außen über Leitern. Rückt ein Feind heran, so werden diese Leitern entfernt. Und selbst wenn er eigene Leitern mitgebracht hätte, müsste er jede Etage einzeln erstürmen und sich den Geschossen der auf den oberen Plattformen stehenden Verteidiger aussetzen, während diese vor seinen Waffen vollständig sicher wären.

Im achten oder neunten Stockwerk eines solchen Pyramidenpueblos befand ich mich. Wie sollte ich da fliehen, befanden sich doch auf allen unter mir liegenden Plattformen Indianer! Nein, ich musste bleiben. Ich warf mich also auf mein Lager und wartete.

Das waren schlimme, beinahe unerträgliche Stunden; die Zeit rückte mit wahrer Schneckenlangsamkeit vor. Es war schon fast Mittag, als ich mehrere Personen nahen hörte. Winnetou kam herein, gefolgt von fünf Apachen. Er ließ einen langen, forschenden Blick über mich gleiten und sagte dann: „Old Shatterhand mag mir mitteilen, ob er jetzt wieder gesund ist!"

„Noch nicht ganz", antwortete ich.

„Aber sprechen kannst du, wie ich höre. Auch laufen?"

„Ich denke es."

„Hast du das Schwimmen gelernt?"

„Ein wenig."

„Gut, denn du wirst schwimmen müssen. Weißt du noch, an welchem Tage du mich wiedersehen solltest?"

„An meinem Todestag."

„Dieser Tag ist heute da. Steh auf!"

Man fesselte mich und brachte mich dann nach draußen, vor das Pueblo. Ich wurde zum Flussufer geführt. Hier herrschte reges Leben. Da sah ich zunächst unseren Ochsenwagen, den die Apachen erbeutet und mitgenommen hatten. Im Gras weideten die Pferde, mit denen die Kiowa die Gefangenen auslösen wollten. Es waren auch Zelte aufgeschlagen und verschiedene Waffen ausgestellt, die ebenso als Lösegeld dienten. Intschu tschuna und einige seiner Leute begutachteten diese Abgaben. Tangua war bei ihnen, denn man hatte ihn und die Gefangenen schon freigelassen. Insgesamt waren wenigstens sechshundert Apachen anwesend. Als sie uns kommen sahen, zogen sie sich schnell zusammen und bildeten einen weiten, mehrgliedrigen Halbkreis um den Ochsenwagen, zu dem ich geführt wurde. Die Kiowa gesellten sich auch zu ihnen.

Als wir den Wagen erreichten, sah ich Hawkens, Stone und Parker, die dort an Pfähle gebunden standen. Ein vierter Pfahl war noch leer. Hier wurde ich befestigt. Das also waren die Marterpfähle, an denen wir unser Leben qualvoll beschließen sollten!

„Ah, Sir, da kommt auch Ihr!", sagte Sam. „Ist eine armselige, eine ganz armselige Operation, die sie mit uns vornehmen wollen. Ich glaube nicht, dass wir sie überstehen werden. Das Sterben und Totgeschlagenwerden greift den Körper so sehr an, dass man es nur selten überlebt. Was sagt Ihr dazu, Sir?"

„Habt Ihr Hoffnung auf Rettung?", fragte ich ihn.

„Wüsste nicht, wer kommen sollte, uns herauszuholen. Ich sehe keine Rettung für uns und dennoch habe ich gar nicht das Gefühl, dass wir sterben müssen. Ihr mögt es mir glauben oder nicht, es ist mir ganz so, als ob diese Roten uns ganz und gar nichts anhaben könnten, als ob ganz plötzlich irgendwoher ein Befreier kommen würde."

„Möglich. Auch ich habe die Hoffnung noch nicht verloren. Ich möchte sogar wetten, dass wir uns heute Abend, am Schluss dieses so gefährlichen Tages, ganz wohl befinden werden."

„Das könnt eben nur Ihr sagen, der Ihr ein ausgemachtes Greenhorn seid. Ganz wohl befinden werden! Dummheit! Von ‚ganz wohl' kann keine Rede sein; ich würde Gott danken, wenn ich mich heute Abend überhaupt befände. Oder ist Euch vielleicht ein guter Gedanke gekommen?"

„Ja."

„Welcher? Und wann?"

„An dem Abend, an dem es Winnetou und seinem Vater gelang zu entfliehen."

„Da kam Euch ein Gedanke? Sonderbar. Der wird uns heute nichts nützen, denn als er Euch damals kam, da wusstet Ihr ja nicht, dass wir hier bei den Apachen landen würden. Wie heißt denn dieser Gedanke?"

„Haarlocke."

„Haarlocke?", wiederholte er erstaunt. „Sagt einmal, Sir, wie es sich mit Eurem Oberstübchen verhält! Habt Ihr etwa ein Rattennest darin?"

„Glaube nicht."

„Aber was faselt Ihr denn da von einer Haarlocke? Hat Euch etwa eine frühere Geliebte ihren Zopf geschenkt, den Ihr den Apachen zum Präsent machen wollt? Ich glaube gar, Eure Verwundung hat da etwas zurückgelassen, was überflüssig ist. Wahrscheinlich habt Ihr die Haarlocke im Gehirn. Denn ich wüsste nicht, wie uns eine Locke retten sollte."

„Hm, ja; es ist eben eine Greenhornidee, und wir müssen ruhig abwarten, ob sie sich bewährt oder nicht. Was übrigens das Loskommen von den Marterpfählen betrifft, so bin ich wenigstens in Beziehung auf meine Person sicher, dass ich nicht an dem meinigen hängen bleibe."

„Natürlich! Wenn man Euch verbrannt hat, hängt Ihr nicht mehr daran. Oder glaubt Ihr etwa früher loszukommen?"

„Ja. Ich soll nämlich schwimmen. Und das kann ich doch hier am Pfahl nicht. Man muss mich also losbinden."

„Alle Wetter! Wer hat Euch denn gesagt, dass Ihr schwimmen sollt?"

„Winnetou."

„Hurra! Wenn er dies gesagt hat, so ist es freilich wie ein Sonnenstrahl, der durch die Wolken bricht. Es scheint, Ihr sollt um Euer Leben kämpfen."

„Das denke ich auch."

„In diesem Fall ist unsere Lage allerdings nicht so verzweifelt, wie ich bisher angenommen habe. Denn ich glaube nicht, dass man mit Euch anders verfahren wird als mit uns. Wie ist's – seid Ihr denn ein guter Schwimmer, Sir?"

„Zumindest glaube ich, dass ich mich vor keinem Indianer fürchten muss. Wenn ich mein Leben durchs Schwimmen retten kann, so bin ich überzeugt, dass ich den Tag überleben werde."

Wir waren nicht daran gehindert worden, miteinander zu sprechen. Winnetou stand, ohne zunächst weiter auf uns zu achten, mit seinem Vater und Tangua zusammen. Einige Apachen versuchten, in dem Halbkreis, der sich um uns gebildet hatte, Ordnung zu schaffen. Innen saßen zunächst die Kinder und hinter diesen die Mädchen und Frauen. Bei ihnen befand sich auch Nscho-tschi, die, wie ich bemerkte, nur selten ihren Blick von mir wandte. Dann kamen die jungen Burschen, hinter denen die erwachsenen Krieger standen.

Nun erhob Intschu tschuna seine Stimme und sagte so laut, dass alle es hören konnten: „Meine roten Schwestern und Brüder und auch die Männer vom Stamme der Kiowa mögen hören, was ich ihnen zu sagen habe!" Er machte eine Pause und als er sah, dass die Aufmerksamkeit aller auf ihn gerichtet war, fuhr er fort: „Die Bleichgesichter sind die Feinde der roten Männer. Es gibt nur selten eins unter ihnen, dessen Auge freundlich auf uns gerichtet ist. Der edelste unter diesen wenigen Weißen kam zu dem Volke der Apachen, um ihm ein Freund und Vater zu sein. Darum haben wir ihm den Namen Klekih-petra gegeben. Meine Brüder und Schwestern haben ihn alle gekannt und lieb gehabt. Sie mögen es mir bezeugen!"

„Howgh!“

Der Häuptling sprach weiter: „Klekih-petra ist unser Lehrer gewesen in allen Dingen, die wir nicht kannten, die aber gut und nützlich für uns sind; er hat auch von der Religion der Weißen gesprochen und von dem großen Geist, der Schöpfer und Ernährer aller Menschen ist. Dieser große Geist hat befohlen, dass die roten und die weißen Leute untereinander Brüder sein und sich lieben sollen. Haben aber die Weißen diesen seinen Willen erfüllt? Nein! Meine Brüder und Schwestern mögen dies bezeugen!“

„Howgh!“, erklang es im Chor.

„Sie sind vielmehr gekommen, um uns unser Eigentum zu rauben und uns auszurotten. Da, wo die Büffel und die Mustangs grasten, haben sie große Städte gebaut. Wo der rote Jäger durch den Urwald oder über die Savanne ging, da rennt jetzt das dampfende Feuerross mit den großen Wagen, in denen es unsere Feinde zu uns bringt. Und wenn der rote Mann vor ihm in die Gründe flieht, die man ihm noch gelassen hat und wo er in Frieden sterben will, so dauert es nicht lange, bis er auf Bleichgesichter trifft, die ihm nachgefolgt sind, um dem Feuerross auf diesem rechtmäßigen Grund und Boden des roten Mannes neue Pfade zu bauen. Wir haben solche Weißen getroffen und friedlich mit ihnen gesprochen. Wir haben ihnen gesagt, dass dieses Land unser Eigentum ist und ihnen nicht gehört. Sie haben nichts dagegen vorbringen können, sondern es zugeben müssen. Aber als wir sie aufforderten fortzugehen, da sind sie unserer Aufforderung nicht gefolgt, sondern haben Klekih-petra, den wir liebten und verehrten, erschossen. Meine Brüder und Schwestern mögen bestätigen, dass ich die Wahrheit gesprochen habe.“

„Howgh!", erklang laut und einstimmig die Bestätigung.

„Wir haben die Leiche des Ermordeten hierhergebracht und für den Tag der Rache aufbewahrt. Dieser Tag ist heute gekommen. Klekih-petra soll begraben werden und mit ihm der, der ihn ermordet hat. Diejenigen, die bei ihm waren, als die Tat geschah, sind seine Freunde und Genossen und haben uns in die Hände der Kiowa geliefert; aber sie leugnen es. Bei allen anderen roten Männern würde das, was wir von ihnen wissen, genügen, sie in den Martertod zu führen. Wir aber wollen den Lehren unseres weißen Vaters Klekih-petra gehorchen und gerechte Richter sein. Da sie nicht zugeben unsere Feinde gewesen zu sein, wollen wir sie verhören. Ihr Schicksal soll nach dem bestimmt werden, was wir dabei erfahren. Meine Brüder und Schwestern mögen mir ihre Zustimmung erteilen!"

„Howgh!", erklang der Beifall rund umher.

Intschu tschuna und Winnetou unterhielten sich leise mit Tangua. Die Blicke, die die beiden Apachen uns dabei zuwarfen, wurden immer finsterer. Was für Lügen mochte Tangua über uns erzählen? Dann kamen sie auf uns zu.

Wieder erhob Intschu tschuna seine Stimme: „Ihr habt vernommen, was ich gesprochen habe. Ihr sollt euch verteidigen dürfen. Beantwortet mir darum meine Fragen! Ihr gehörtet zu den Weißen, die die neue Bahn des Feuerrosses vermessen haben?"

„Ja. Doch muss ich dir sagen, dass wir drei hier nicht mitgemessen haben, sondern ihnen nur zum Schutze mitgegeben worden sind", antwortete Sam. „Und was den Vierten hier betrifft, Old Shatterhand genannt, so …"

„Schweig!", unterbrach ihn der Häuptling. „Du hast nur meine Fragen zu beantworten und kein weiteres Wort zu sprechen. Redest du mehr, so lasse ich dich peitschen, dass dir die Haut aufspringt! Also ihr gehörtet zu diesen Bleichgesichtern? Antworte kurz mit Ja oder mit Nein!"

„Ja", sagte Sam, um sich nicht schlagen lassen zu müssen.

„Old Shatterhand hat mitvermessen und ihr drei beschütztet diese Leute?"

„Ja."

„So seid ihr noch schlimmer als sie, denn wer Diebe und Räuber beschützt, der hat doppelte Strafe verdient. Rattler, der Mörder, war euer Gefährte?"

„Ja, aber wir sind nicht seine Freunde ge…"

„Schweig, Hund!", fuhr ihn Intschu tschuna an. „Du hast nur das zu sagen, was ich wissen will, nicht mehr! Kennst du die Gesetze des Wilden Westens?"

„Ja."

„Wie wird ein Pferdedieb bestraft?"

„Mit dem Tod."

„Was ist wertvoller: ein Pferd oder das große, weite Land, das den Apachen gehört?"

Sam antwortete nicht, um nicht sein eigenes Todesurteil zu sprechen.

„Sprich, sonst lasse ich bis aufs Blut peitschen!"

Da knurrte der mutige Sam: „Schlagt zu! Sam Hawkens ist nicht derjenige, der sich zum Reden zwingen lässt, wenn er nicht reden will!"

„Ein Länderdieb hat noch viel eher den Tod verdient als ein Pferdedieb, und ihr habt uns unser Land rauben wollen. Dazu kommt, dass ihr die Genossen des Menschen seid, der Klekih-petra ermordet hat. Das verschärft die Strafe. Als Länderdiebe wärt ihr erschossen worden, ohne vorher Qualen zu erleiden. Da ihr aber Mörder seid, wer-

det ihr am Marterpfahl sterben. Doch wir sind mit der Aufzählung eurer Taten noch nicht fertig. Ihr habt uns in die Hände der Kiowa, die unsere Feinde waren, gespielt?“

„Nein."

„Das ist eine Lüge!"

„Es ist die Wahrheit."

„Bist du nicht mit Old Shatterhand uns nachgeritten, als wir euch verlassen hatten?"

„Ja."

„Das ist doch ein sicheres Zeichen der Feindschaft!"

„Nein. Ihr hattet uns gedroht. Wir mussten darum wissen, ob ihr euch wirklich entfernt hattet oder nicht. Es bestand die Möglichkeit, dass ihr euch versteckt hattet und auf uns schießen wolltet. Nur deshalb ritten wir hinter euch her."

„Weshalb nahmst du diesen Old Shatterhand mit?"

„Um ihn im Fährtenlesen zu unterrichten, da er noch Neuling ist."

„Wenn eure Absicht so friedlich war und ihr uns nur der Vorsicht wegen folgtet, warum habt ihr euch da mit den Kiowa verbündet?"

„Weil wir sahen, dass du vorausgeeilt warst. Du wolltest deine Krieger schnell holen, um uns zu überfallen."

„War es da wirklich nötig, euch an die Kiowa zu wenden?"

„Ja."

„Gab es keinen anderen Ausweg?"

„Nein."

„Du lügst abermals. Um uns zu entgehen, brauchtet ihr nur das zu tun, was ich euch befohlen hatte, nämlich unser Gebiet zu verlassen. Warum habt ihr das nicht getan?"

„Weil wir zuerst unsere Arbeit vollenden mussten."

„Also ihr wolltet den Raub, den ich euch verboten hatte, vollständig ausführen und rieft darum die Kiowa zu Hilfe.

Wer aber unsere Feinde auf uns hetzt, ist auch unser Feind und muss getötet werden. Ihr habt euch dann auch noch am Kampf beteiligt, als die Kiowa uns angegriffen haben. Gibst du das zu?"

„Nur, um Blutvergießen zu vermeiden."

„Willst du, dass ich dich verlache? Es wurde uns eine Falle gestellt! Wer hat diese ersonnen?"

„Ich."

„Diesmal sagst du die Wahrheit. Mehrere von uns wurden verwundet, einige gar getötet. Daran seid ihr schuld. Dies ist ein weiterer Grund, dass ihr sterben müsst."

„Es war mein Plan, dass …"

„Schweig! Ich habe dich jetzt nicht gefragt. Der große, gute Geist sandte uns einen unbekannten, unsichtbaren Retter. Winnetou und ich kamen frei. Wir ritten fort, um unsere Krieger zu holen, die gegen die Kiowa zogen. Und als wir euer Lager überfielen, um unsere Leute zu befreien, ist wieder viel Blut geflossen. Wir haben im Ganzen sechzehn Tote zu beklagen. Ihr habt weder Gnade noch Erbarmen zu erwarten und …"

„Gnade wollen wir gar nicht, sondern nur Gerechtigkeit", fiel Sam ihm in die Rede. „Ich kann …"

„Wirst du wohl schweigen, Hund!", unterbrach ihn Intschu tschuna zornig. „Du hast nur zu sprechen, wenn ich dich frage. Überhaupt bin ich nun mit euch fertig. Da du aber von Gerechtigkeit redest, so sollt ihr nicht nur nach deiner eigenen Aussage verurteilt werden, sondern ich will euch einem Zeugen gegenüberstellen. Tangua, der Häuptling der Kiowa, mag sich herablassen in dieser Angelegenheit seine Stimme zu erheben. Sind diese Bleichgesichter unsere Freunde?"

„Nein", antwortete der Kiowa, dem man die Genugtuung darüber, dass die Sache für uns einen so bedenklichen Lauf nahm, deutlich ansah.

„Haben sie uns schonen wollen?"

„Nein. Sie haben mich vielmehr gegen euch aufgehetzt und mich gebeten, ja keine Nachsicht mit euch zu haben, sondern euch alle zu töten."

Diese Unwahrheit empörte mich so, dass ich mein bisheriges Schweigen brach und ihm ins Gesicht sagte: „Das ist eine so unverschämte Lüge, dass ich dich sofort zu Boden schlagen würde, wenn ich nur eine Hand frei hätte!"

„Hund, stinkender!", brauste er auf und hob die Faust. „Soll ich es sein, der dich erschlägt?"

„Schlag zu, wenn du dich nicht schämst, dich an einem Wehrlosen zu vergreifen! Ihr redet von Gerechtigkeit? Ist es etwa Gerechtigkeit, wenn man nicht sagen darf, was man zu sagen hat? Wir sollen uns verteidigen dürfen? Können wir das, wenn wir bis aufs Blut geschlagen werden sollen, falls wir nur ein einziges Wort mehr reden, als ihr hören wollt? Intschu tschuna verfährt wie ein ungerechter Richter. Er stellt die Fragen so, dass uns die Antworten, die er uns erlaubt, ins Verderben führen müssen. Andere Antworten dürfen wir nicht geben; und wenn wir die Wahrheit sagen wollen, die uns retten würde, so unterbricht er uns, lässt uns nicht ausreden und droht uns mit Misshandlungen. Ein solches Verhör und eine solche Gerechtigkeit brauchen wir nicht. Da beginnt doch lieber gleich mit den Martern! Ihr werdet keinen Laut des Schmerzes von uns zu hören bekommen."

„Uff, uff!", hörte ich eine weibliche Stimme bewundernd rufen. Es war die Schwester Winnetous.

„Uff, uff, uff!“, riefen viele Apachen ihr nach.

Ich fuhr fort: „Als ich Intschu tschuna und Winnetou zum ersten Mal erblickte, sagte mir mein Herz, dass sie tapfere und gerechte Männer seien, die ich lieben und auch achten könnte. Ich habe mich geirrt. Denn sie hören auf die Stimme eines Lügners und lassen die Wahrheit nicht zu Wort kommen. Ich verachte jeden, der einen Gefangenen unterdrückt, nur weil er sich nicht verteidigen kann. Wäre ich frei, so würde ich noch ganz anders mit euch reden!“

„Hund, du schimpfst mich einen Lügner!“, schrie Tangua. „Ich zerschmettere dir die Knochen!“ Er hob drohend sein Gewehr, um mit dem Kolben nach mir zu schlagen. „Wenn Intschu tschuna nicht das Vorrecht hätte, würde ich dich zum Zweikampf fordern!“

Doch da sprang Winnetou herbei und sagte: „Tangua mag ruhig bleiben! Dieser Old Shatterhand hat sehr kühn gesprochen, aber ich stimme einigen seiner Worte zu. Intschu tschuna mag ihm die Erlaubnis erteilen, zu sagen, was er zu sagen hat!“

Tangua musste sich beruhigen und Intschu tschuna entschloss sich, dem Wunsch seines Sohnes nachzugeben. Er trat näher zu mir heran und sagte: „Old Shatterhand ist wie ein Raubvogel, der selbst dann noch beißt, wenn man ihn gefangen hat. Hast du nicht Winnetou zweimal niedergeschlagen? Hast du mich nicht mit deiner Faust betäubt?“

„Habe ich das freiwillig getan? Hast du mich nicht dazu gezwungen?“

„Gezwungen?“, fragte er erstaunt.

„Ja. Wir wollten uns ohne Gegenwehr ergeben, aber eure Krieger hörten nicht auf das, was wir sagten. Sie fielen so über uns her, dass wir uns verteidigen mussten. Aber frage die Betreffenden, ob wir sie auch nur verwundet haben, obgleich wir sie hätten töten können. Da kamst du und griffst auch mich an, ohne auf meine Worte zu achten. Ich musste mich wehren und hätte dich erstechen oder erschießen können, aber ich schlug dich nur nieder, weil ich dein Freund bin und dich schonen wollte. Tangua wollte dir den Skalp nehmen. Weil ich dies nicht zuließ, kämpfte er mit mir. Doch ich besiegte ihn. Ich habe dir also nicht nur das Leben, sondern auch den Skalp erhalten. Dann als …"

„Dieser verfluchte Kojote lügt, als ob er hundert verschiedene Zungen hätte!", schrie Tangua wütend.

„Sind es wirklich Lügen?", fragte ihn Winnetou.

„Ja. Mein roter Bruder Winnetou zweifelt hoffentlich nicht an der Wahrheit meiner Worte?"

„Ich kam dazu. Du lagst unbeweglich und mein Vater auch. Das stimmt. Old Shatterhand mag fortfahren!"

„Also, ich hatte Tangua besiegt, um Intschu tschuna zu retten; da kam Winnetou. Ich erhielt von ihm einen Kolbenhieb, der aber nicht meinen Kopf traf. Winnetou stach mich in den Mund und durch die Zunge; ich konnte also nicht sprechen, sonst hätte ich gesagt, dass ich ihn lieb habe und sein Freund und Bruder sein möchte. Ich war verwundet. Trotzdem habe ich ihn besiegt. Er lag betäubt vor mir, wie Intschu tschuna auch. Ich hätte beide töten können. Habe ich es getan?"

„Du hättest es noch getan", antwortete Intschu tschuna. „Aber ein Apachenkrieger kam und schlug dich nieder."

„Nein, ich hätte es nicht getan. Sind nicht diese drei Bleichgesichter, die hier mit mir angebunden sind, freiwillig zu euch gekommen, um sich euch auszuliefern? Hätten sie dies getan, wenn sie euch als Feinde betrachtet hätten?"

„Sie haben es getan, weil sie einsahen, dass sie nicht entkommen konnten. Da hielten sie es für klüger, sich freiwillig zu ergeben. Ich gebe zu, dass an deinen Worten etwas ist, das beinahe Glauben erwecken könnte. Aber als du Winnetou zum ersten Mal betäubtest, warst du nicht dazu gezwungen."

„O doch. Wir wollten dich und ihn retten. Ihr seid sehr tapfere Krieger; ihr hättet euch ganz gewiss gewehrt und wärt dann verwundet oder gar getötet worden. Das wollten wir verhindern; darum schlug ich Winnetou nieder und du wurdest von meinen drei weißen Freunden überwältigt."

„Old Shatterhand hat nur Behauptungen ausgesprochen, aber keine Beweise erbracht. Hast du noch etwas zu sagen?"

„Jetzt nicht – vielleicht später."

„Sage es jetzt, denn später wirst du nichts mehr sagen können!"

„Nein, jetzt nicht. Wenn ich es später sage, werdet ihr eher darauf hören. Und Old Shatterhand ist nicht der Mann, dessen Worte man missachten darf. Ich schweige jetzt, weil ich neugierig bin, welches Urteil ihr nun über uns fällen werdet."

Intschu tschuna wandte sich von mir ab und winkte mehrere alte Krieger zu sich, die sich nun mit den drei Häuptlingen zur Beratung niedersetzten.

14. Ums Leben gekämpft

Es dauerte eine ganze Weile, bis Intschu tschuna endlich mit lauter Stimme das Urteil verkündete: „Hört, ihr Krieger der Apachen und Kiowa, was über diese vier Gefangenen beschlossen worden ist! Im Rate der Alten war schon vorher verabredet worden, dass wir sie im Wasser jagen, dann miteinander kämpfen lassen und sie schließlich verbrennen wollten. Aber Old Shatterhand, der Jüngste von ihnen, hat Worte gesprochen, aus denen hin und wieder die Weisheit des Alters klang. Sie haben den Tod verdient, doch es scheint, als ob sie es nicht so böse gemeint hätten, wie wir geglaubt haben. Darum wollen wir den großen Geist zwischen uns und ihnen entscheiden lassen."

Er hielt kurz inne, um die Spannung seiner Zuhörer zu vergrößern. Dies nutzte Sam zu der Bemerkung: „Alle Wetter, das wird spannend! Wisst Ihr, was er meint?"

„Ich ahne es", antwortete ich. „Einen Zweikampf, ein sogenanntes Gottesurteil. Habe ich recht geraten?"

Jetzt fuhr der Häuptling fort: „Das Bleichgesicht, das Old Shatterhand genannt wird, scheint das vornehmste von ihnen zu sein. Also soll die Entscheidung in seine Hände gelegt werden. Er soll gegen den Ranghöchsten unter uns, gegen mich, Intschu tschuna, kämpfen. Wir werden Old Shatterhand die Fesseln abnehmen und ihn in das Wasser des Flusses lassen, über den er zu schwimmen hat; aber er bekommt keine Waffe. Ich folge ihm und nehme nur den Tomahawk mit. Kommt Old Shatterhand lebendig ans andere Ufer und bis zu der Zeder, die da drüben auf der Lichtung steht, so ist er gerettet und auch seine Gefährten sind frei. Töte ich ihn aber, bevor er die Zeder erreicht, so sind auch sie dem Tode verfallen. Alle anwesenden Krieger mögen bestätigen, dass sie damit einverstanden sind."

„Howgh!", lautete die einstimmige Antwort.

Man kann sich denken, dass wir uns in großer Aufregung befanden. Sam schien meine Chancen ausgesprochen schlecht zu beurteilen: „Während Ihr flieht, wird Intschu tschuna seinen Tomahawk hinter Euch herschleudern und Euch sofort töten. Glaubt mir, Ihr mögt ein noch so vorzüglicher Schwimmer sein, Ihr kommt gar nicht ans andere Ufer hinüber. Da hilft Euch all Eure Stärke nichts."

Ich aber erwiderte zuversichtlich: „Ich weiß, dass mir meine Stärke nichts hilft, wenn Intschu tschuna den Tomahawk schleudert, lieber Sam. Aber ich weiß ebenso, dass unter Umständen ein Fingerhut voll List mehr wirkt als ein großes Fass voll Körperkraft."

„Ihr wollt uns nur trösten und uns in den letzten Minuten unseres Lebens das Herz leicht machen!"

„Keineswegs! Ihr werdet schon sehen: Ich habe einen Plan. Passt auf, wenn ich ertrinke, so sind wir gerettet."

„Ertrinke … gerettet! Sir, Ihr redet vor Angst irre!"

„Ich weiß, was ich will. Merkt es Euch: Wenn ich ertrinke, so haben wir nichts mehr zu befürchten."

Jetzt kamen die drei Häuptlinge zu uns. Ich wurde losgemacht und bewegte die Arme, um ihre Beweglichkeit zu prüfen. Dann sagte ich zu Intschu tschuna: „Es ist eine große Ehre für mich, mit dem berühmtesten Häuptling der Apachen um die Wette oder vielmehr um Leben und Tod zu schwimmen. Aber für ihn ist es keine Ehre. Denn ich bin kein Gegner für ihn. Ich habe zuweilen in einem Bach gebadet und mir dabei Mühe gegeben, nicht unterzugehen. Aber über einen so breiten, tiefen Fluss zu kommen, das traue ich mir nicht zu."

„Uff, uff! Das freut mich nicht. Winnetou und ich sind die besten Schwimmer unseres Stammes. Was bedeutet da ein Sieg über einen so schlechten Schwimmer."

„Ich gehe also dem Tod entgegen und meine Gefährten haben sich auch darauf gefasst gemacht zu sterben. Dennoch möchte ich gern wissen, wie ich mir diesen Kampf zu denken habe. Wer hat eher ins Wasser zu gehen?"

„Du!"

„Und du folgst mir?"

„Ja."

„Und wann greifst du mich mit dem Tomahawk an?"

„Wann es mir beliebt", antwortete Intschu tschuna mir mit einem stolzen, ja verächtlichen Lächeln.

Ich tat, als ob ich immer unruhiger, besorgter und niedergeschlagener würde, und fragte weiter: „Also du darfst mich töten. Ich dich auch?"

Der Häuptling machte ein Gesicht, als wollte er sagen: Armer Wurm, diese Frage kann dir nur von der Todesangst eingegeben worden sein! Dann antwortete er laut: „Es ist ein Schwimmen und Kämpfen auf Tod und Leben. Du kannst also auch mich töten, denn nur falls dir dies gelingen sollte, wirst du imstande sein die Zeder zu erreichen."

„Und dein Tod würde mir nicht schaden?"

„Nein. Töte ich dich, so erreichst du das Ziel nicht und deine Gefährten müssen sterben; tötest du mich, so gelangst du an die Zeder und ihr seid von diesem Augenblick an frei. Komm!"

Er drehte sich um und ich zog meinen Jagdrock und die Stiefel aus. Dabei klagte Sam: „Es wird schiefgehen. Wenn

Ihr Euer Gesicht sehen könntet. Und der jammervolle Ton bei Euren letzten Fragen! Mir ist himmelangst um Euch und uns!"

Ich konnte ihm nicht antworten, weil die drei Häuptlinge es gehört hätten, aber ich wusste sehr wohl, warum ich so kläglich tat. Ich wollte Intschu tschuna in Sicherheit wiegen. Meine Schauspielerei hatte Erfolg. Intschu tschuna blickte in mein ängstliches Gesicht und rief: „Ich schäme mich, dass ich dir keine alte Squaw zur Gegnerin gegeben habe!"

Wir gingen auf das Ufer zu. Mir war sehr wohl klar, dass ich mich in höchster Gefahr befand. Ich mochte gerade oder im Zickzack über den Fluss schwimmen, ich war in jedem Fall verloren. Der Tomahawk des Häuptlings musste mich treffen. Es gab nur eine Rettung: das Tauchen. Glücklicherweise war ich darin keineswegs der Stümper, für den mich Intschu tschuna hielt.

Ich durfte es nicht einmal wagen, zum Atemholen aufzutauchen, zumindest nicht so, dass Intschu tschuna mich sehen konnte. Erleichtert sah ich daher, wie gut sich das Gelände für meinen Plan eignete. Das diesseitige Ufer bestand da, wo wir uns befanden, aus einer vollständig freien Sandfläche. Etwas über hundert Schritte flussaufwärts begann jedoch wieder der Wald. Und noch ein kleines Stück weiter oben machte der Fluss eine Biegung.

Wenn ich ins Wasser sprang und nicht wieder heraufkam, so würde man glauben, ich sei ertrunken, und stromabwärts nach meinem leblosen Körper suchen. Folglich lag meine Rettung in der entgegengesetzten Richtung. Da sah ich zunächst eine Stelle, an der das Ufer unterspült war. Dieser Überhang eignete sich vortrefflich, um mir eine kurze Zuflucht zu bieten. Weiter oben war allerlei Treibholz angespült worden und hing so fest, dass ich es ebenfalls recht gut als Deckung benutzen konnte. Vorher aber war es ratsam, ein wenig ängstlich zu tun.

„Es kann beginnen. Spring hinein!“, forderte Intschu tschuna mich auf.

„Darf ich nicht erst probieren, wie tief es ist?“, fragte ich verzagt.

Es ging ein unendlich verächtliches Lächeln über sein Gesicht; er rief nach einer Lanze. Man brachte mir dieselbe und ich stieß sie ins Wasser. Sie erreichte den Boden nicht. Das war mir lieb, ich tat aber noch niedergeschlagener als vorher. Hinter mir wurde geringschätziges Murren laut und Sam rief: „Um Gottes willen, kommt lieber wieder her, Sir! Das kann ich nicht mit ansehen. Sie mögen uns totschinden. Das ist noch besser, als so ein Jammerbild vor Augen zu haben!“

„Ich bin bereit!“, herrschte Intschu tschuna mich an. „Was zögerst du noch? Hinein mit dir!“

„Muss es denn wirklich sein?“, fragte ich.

Es erscholl ein brausendes Gelächter, über welches Tanguas Stimme tönte: „Gebt diesen Frosch frei! Schenkt ihm das Leben! An einen solchen Feigling darf kein Krieger seine Hand legen!“

Und mit dem grimmigen Knurren eines erzürnten Tigers schrie mich Intschu tschuna an: „Hinein, sonst haue ich dir augenblicklich den Tomahawk ins Genick!“

Da stellte ich mich sehr erschrocken, setzte mich an den Rand des Flusses, hielt erst die Füße und dann die Unterschenkel ins Wasser und tat so, als ob ich hübsch langsam hineinrutschen wollte.

„Hinein!“, schrie Intschu tschuna abermals und versetzte mir einen Fußtritt in den Rücken. Das hatte ich gewollt. Ich warf wie hilflos die Arme auseinander, stieß einen durchdringenden Angstschrei aus und plumpste ins Wasser. Im nächsten Augenblick aber hatte die Verstellung ein Ende. Ich fühlte den Grund, stieß mich ab und schwamm unter Wasser dicht am Ufer flussaufwärts. Gleich darauf hörte ich hinter mir ein Geräusch. Intschu tschuna war mir nachgesprungen.

Ich erreichte die überhängende Uferstelle und tauchte auf – doch so, dass nur der Kopf bis zum Mund zum Vorschein kam. Schnell holte ich tief Atem und ging wieder auf den Grund hinab, um weiterzuschwimmen. Dann kam ich an das angeschwemmte Holz, unter dem ich auftauchte und wieder Atem holte. Es verbarg meinen Kopf so vollständig, dass ich es wagen konnte, länger oben zu bleiben. Ich sah den Häuptling auf dem Wasser liegen wie ein Raubtier, das bereit ist augenblicklich zuzustoßen. Nun hatte ich noch die letzte und längste Strecke vor mir liegen: Unter Wasser schwamm ich weiter bis zum Beginn des Waldes, wo Strauchwerk über das Ufer herab ins Wasser hing. Auch dort kam ich glücklich an und stieg, von diesem Gesträuch vollständig gedeckt, ans Ufer.

Ich wollte die erwähnte Krümmung des Flusses erreichen. Dahinter konnte ich dann ungesehen quer über den Fluss zum anderen Ufer schwimmen. Vorsichtig blickte ich durch die Büsche. Die Apachen standen rufend am Ufer, während der Häuptling weiter hin und her schwamm. Er wartete noch immer auf mich, obgleich ich unmöglich so lange hätte lebend unter Wasser bleiben können. Ob Sam Hawkens jetzt wohl an meine Worte dachte?

Nun lief ich im Wald weiter. Die Apachen konnten mich unmöglich sehen. Bald schon hatte ich die Biegung des Flusses erreicht. Dahinter ging ich wieder ins Wasser, überquerte den Fluss und kam glücklich drüben an. Dort eilte ich im Schutz des Waldes wieder stromabwärts. Hinter Büschen versteckt sah ich zu meinem großen Vergnügen, dass mehrere Indianer ins Wasser gesprungen waren und mit Lanzen nach dem ertrunkenen Old Shatterhand stocherten.

Ich hätte nun gemächlich zu der Zeder gehen können. Aber ich wollte meinen Sieg nicht der List allein verdanken, sondern Intschu tschuna eine Lehre geben und ihn mir zugleich zu Dankbarkeit verpflichten. Darum trat ich, als ich den Rand des schützenden Waldes erreicht hatte, aus der Deckung hervor und rief mit lauter Stimme: „Sam Hawkens, Sam Hawkens, wir haben gewonnen!"

Welch ein Geheul erhob sich da! Kaum hatte Intschu tschuna mich gesehen, so kam er mit kraftvollen Zügen herübergeschwommen. Ich blieb stehen, um ihn zu erwarten.

„Fort, weiter fort, Sir!", schrie mir Sam zu. „Macht doch, dass Ihr an die Zeder kommt!"

Ja, daran konnte mich jetzt niemand mehr hindern, auch Intschu tschuna nicht. Aber ich entfernte mich nicht eher, als bis er aus dem Wasser gestiegen und mir gefährlich nahe gekommen war. Erst jetzt wandte ich mich wieder zur Flucht, doch nur scheinbar. Ich sagte mir Folgendes: Einholen konnte Intschu tschuna mich nicht mehr. Wollte er mich töten, bevor ich die Zeder erreichte, so musste er seinen Tomahawk schleudern. Doch solange ich ruhig stand und in seine Richtung blickte, warf er das Beil sicherlich nicht. Dann konnte ich es nämlich kommen sehen und ihm ausweichen. Dass er werfen würde, war nur dann anzunehmen, wenn ich floh und ihm dabei den Rücken zukehrte. Ich ergriff also zum Schein die

Flucht, tat aber höchstens zwanzig Sprünge und blieb dann, mich schnell umwendend, wieder stehen.

Richtig! Er hatte, um einen sicheren Wurf zu haben, im Lauf angehalten und das Beil um den Kopf geschwungen. Eben, als ich ihn wieder ins Auge fasste, schleuderte er es mir nach. Ich tat zwei, drei rasche Sprünge zur Seite – es flog an mir vorüber und grub sich dann im Sand ein.

Das hatte ich gewollt. Ich rannte hin, hob es auf und ging nun, anstatt zur Zeder zu eilen, dem Häuptling ruhigen Schrittes entgegen. Er schrie vor Zorn auf und kam wie ein Rasender auf mich zugesprungen. Da schwang ich den Tomahawk und rief ihm drohend entgegen: „Halt, Intschu tschuna! Du hast dich in Old Shatterhand abermals getäuscht. Willst du dein eigenes Beil in den Kopf haben? Also sei klug und ...“

Ich konnte nicht weitersprechen. Die Hände wie geöffnete Krallen nach mir ausstreckend, warf er sich mir entgegen. Schon glaubte er, mich zu haben. Doch ich wich ihm aus und die Gewalt des Stoßes, mit dem er mich hatte zu Boden bringen wollen, warf ihn selbst nieder. Sofort war ich bei ihm, setzte ihm das linke Knie auf den einen, das rechte auf den anderen Arm, fasste ihn mit der linken Hand beim Hals, schwang den Tomahawk und rief: „Intschu tschuna, bittest du um Gnade?“

„Nein.“

„So spalte ich dir den Kopf.“

„Töte mich, Hund!“, keuchte er, während er vergeblich versuchte loszukommen.

„Nein, du bist der Vater Winnetous und sollst leben; aber unschädlich machen muss ich dich. Du zwingst mich dazu.“

Ich schlug ihm die flache Seite des Tomahawks gegen den Kopf – ein röchelnder Hauch, dann wurde sein Körper schlaff.

Für die Indianer am anderen Ufer sah dies aus, als ob ich ihn erschlagen hätte. Unter wildem Geheul stürzten sie sich ins Wasser, um zu mir herüberzuschwimmen. Ich aber band Intschu tschuna mit dem Gürtel die Arme fest an den Leib, trug ihn zur Zeder und legte ihn dort nieder. Diesen unnützen Weg musste ich machen, denn nach dem Wortlaut unserer Vereinbarung war ich gezwungen die Zeder zu erreichen. Ich ließ den Häuptling dort liegen und rannte schnell zum Fluss zurück. Dort angekommen rief ich den nahenden Apachen zu: „Zurück! Der Häuptling lebt; ich habe ihm nichts getan. Aber wenn ihr kommt, erschlage ich ihn. Nur Winnetou mag kommen. Mit ihm will ich sprechen!“

Winnetou rief seinen Leuten einige Worte zu, die ich nicht verstand. Daraufhin kehrten sie um und er kam allein zu mir herüber. Ich erwartete ihn am Ufer und sagte, als er aus dem Wasser stieg: „Das war gut, dass du deine Krieger zurückschicktest, denn sie hätten deinen Vater in Gefahr gebracht.“

„Du hast ihn mit dem Tomahawk erschlagen?“

„Nein. Er zwang mich ihn zu betäuben, weil er sich mir nicht ergeben wollte.“

„Und du hättest ihn doch töten können. Er war in deiner Hand.“

„Ich töte nicht gern einen Feind, am allerwenigsten aber den Vater Winnetous. Hier hast du seine Waffe. Du wirst bestimmen, ob ich gesiegt habe und ob man mir und meinen Gefährten gegenüber Wort halten wird.“

Er nahm den Tomahawk, den ich ihm hinhielt, und sah mich lange, lange an. Sein Blick wurde mild und milder. Bewunderung war in seinen Augen zu lesen, als er ausrief: „Was ist Old Shatterhand doch für ein Mann! Wer kann ihn begreifen?"

„Du wirst mich verstehen lernen."

„Du gibst mir dieses Beil, ohne zu wissen, ob wir unser Wort halten werden! Du könntest dich mit diesem Tomahawk wehren. Weißt du, dass du dich dadurch in meine Hände lieferst?"

„Ich fürchte mich nicht, denn Winnetou ist kein Lügner, sondern ein edler Krieger, der sein Wort nie brechen wird."

Da streckte er mir die Hand entgegen und antwortete, indem seine Augen glänzten: „Du hast recht; du bist frei und die anderen Bleichgesichter sind es auch – außer dem Mann, der Rattler heißt. Du hast Vertrauen zu mir, könnte ich es doch auch zu dir haben!"

„Du wirst mir so vertrauen, wie ich dir; warte nur noch kurze Zeit. Komm jetzt mit zu deinem Vater!"

Wir gingen zu der Zeder und banden den Häuptling los. Winnetou untersuchte ihn und sagte dann: „Er lebt, wird aber spät und mit schmerzendem Kopf erwachen. Ich werde einige Männer zu ihm schicken. Ich selbst muss zu meinen Kriegern. Mein Bruder Old Shatterhand mag mit mir kommen."

Dies war das erste Mal, dass er mich „mein Bruder" nannte. Wie oft habe ich später diese Anrede aus seinem Mund gehört!

15. Tanguas Strafe

Gemeinsam schwammen Winnetou und ich zurück. Als die Apachen uns so einträchtig nebeneinander sahen, erkannten sie, wie falsch sie mich beurteilt hatten. Wir stiegen ans Ufer und Winnetou sagte mit lauter Stimme: „Old Shatterhand hat gesiegt. Er und seine drei Gefährten sind frei!“

„Uff, uff, uff!“, riefen die Apachen.

Tangua aber stand da und blickte finster drein. Seine Lügen und seine Bemühungen, uns den Tod zu bringen, waren vergeblich gewesen. Winnetou schritt mit mir an ihm vorüber, ohne ihn eines Blickes zu würdigen. Er führte mich zu den Pfählen, an denen meine drei Kameraden standen.

„Halleluja!“, rief Sam. „Wir sind gerettet! Wir werden nicht ausgelöscht! Mensch, Mann, Freund, Jüngling und Greenhorn, wie habt Ihr das nur angefangen?“

Winnetou gab mir sein Messer und sagte: „Schneide sie los! Du hast es verdient, dies selbst zu tun.“

Ich tat es. Kaum waren Sam, Dick und Will frei, so warfen sie sich auf mich und nahmen mich in ihre Arme, um mich auf eine Weise zu drücken und zu quetschen, dass es mir angst und bange werden wollte. Sam küsste mir sogar die Hand und beteuerte, während Tränen aus seinen kleinen Äuglein in den Bartwald tropften: „Sir, wenn ich Euch dies jemals vergesse, so soll mich der erste Bär, der mir begegnet, mit Haut und Haar verschlingen! Wie habt Ihr das nur angestellt? Ihr wart verschwunden. Ihr hattet solche Angst vor dem Wasser und so dachten alle, dass Ihr ertrunken wärt.“

„Ich hatte Euch doch gesagt: ‚Wenn ich ertrinke, so sind wir gerettet!‘“

„Das hat Old Shatterhand gesagt?“, fragte Winnetou. „Also war alles Verstellung?“

„Ja“, nickte ich.

„Mein Bruder ist nicht nur stark wie ein Bär, sondern auch listig wie der Fuchs der Prärie. Wer sein Feind ist, der hat sich vor ihm sehr in Acht zu nehmen.“

„Und ist Winnetou so ein Feind?“

„Ich war es, bin es aber nicht mehr.“

„So glaubst du nicht mehr Tangua, sondern mir?“

Er sah mich forschend an, reichte mir die Hand und antwortete: „Deine Augen sind gute Augen und in deinen Zügen wohnt keine Unehrlichkeit. Ich glaube dir.“

Ich hatte meinen Jagdrock wieder angezogen. Nun nahm ich die Blechbüchse aus der Tasche und sagte: „Ich werde meinem Bruder Winnetou beweisen, dass er recht hat. Vielleicht kennt er das, was ich ihm jetzt zeige.“

Damit holte ich die zusammengerollte Haarlocke heraus, zog sie auseinander und hielt sie ihm hin. Er streckte die Hand danach aus, ergriff sie dann aber doch nicht, sondern trat, ganz und gar überrascht, einen Schritt zurück und rief aus: „Das ist Haar von meinem Kopf! Wer hat dir dies gegeben?“

„Intschu tschuna erzählte vorhin von dem unsichtbaren Retter, den euch der große, gute Geist gesandt hat, als ihr gefangen wart. Ja, unsichtbar war er, denn er durfte sich vor den Kiowa nicht sehen lassen. Jetzt aber braucht er sich nicht mehr zu verbergen. Nun wirst du es wohl glauben, dass ich nicht dein Feind, sondern stets dein Freund gewesen bin.“

„Du! Du also hast uns losgebunden! Dir haben wir die Freiheit und das Leben zu verdanken!“, stieß er ganz betroffen hervor.

Tangua stand in der Nähe. Es war ihm anzusehen, wie wütend er war. Ich trat zu ihm hin und fragte: „Ist Tangua, der Häuptling der Kiowa, ein Lügner oder liebt er die Wahrheit?“

„Willst du mich beleidigen?“, fuhr er auf.

„Nein, ich will nur wissen, woran ich bei dir bin. Also antworte!“

„Old Shatterhand soll wissen, dass ich die Wahrheit liebe“, erwiderte der Kiowa.

„Dann hältst du wohl auch Wort, wenn du etwas versprochen hast?“

„Ja.“

„Du wolltest dich an mir rächen, wenn ich den Kampf mit Intschu tschuna überleben sollte. Du würdest mit mir kämpfen und mich zermalmen – genau das waren deine Worte.“

Offenbar wurde Tangua jetzt ein wenig unheimlich, denn er meinte bedächtig: „Ich erinnere mich dieser Worte nicht. Old Shatterhand muss mich falsch verstanden haben.“

„Nein. Winnetou war dabei; er wird es mir bezeugen.“

„Ja“, bestätigte Winnetou bereitwillig. „Tangua hat sich an Old Shatterhand rächen und ihn zum Zweikampf fordern wollen.“

„Du siehst also ein, dass du diese Worte gesprochen hast. Willst du sie halten?“

„Verlangst du es?“

„Ja. Du hast mich einen Frosch genannt, der keinen Mut besitzt. Du hast mich verleumdet und dir alle Mühe gegeben, uns ins Verderben zu bringen. Wer so verwegen ist, dies zu tun, der muss es auch wagen, sich gegen mich zu verteidigen."

„Das fällt mir nicht ein; ich habe mit Old Shatterhand nichts zu schaffen."

„Aber vorhin, als ich gefesselt war und mich nicht wehren konnte, da hattest du etwas mit mir zu schaffen, Feigling!"

Er wollte auf mich eindringen. Doch da stellte sich Winnetou zwischen ihn und mich und sagte: „Mein Bruder Old Shatterhand hat recht. Wenn Tangua sein Wort nicht einlöst, so ist er ein Feigling. Diese Sache muss sofort entschieden werden, denn niemand soll den Kriegern der Apachen nachsagen, dass sie Feiglinge als Gäste bei sich haben. Was gedenkt der Häuptling der Kiowa zu tun?"

Tangua blickte umher. Es waren fast viermal mehr Apachen als Kiowa anwesend. Er hatte zwar das Lösegeld bezahlt, war aber noch ein halber Gefangener. Auf eine Auseinandersetzung zwischen seinen Kriegern und den Apachen durfte er es nicht ankommen lassen. „Ich werde es mir überlegen", antwortete er deshalb ausweichend.

„Für einen tapferen Krieger gibt es da nichts zu überlegen. Entweder du gehst auf den Kampf ein oder du wirst als Feigling betrachtet", beharrte Winnetou.

Da raffte der Kiowa sich auf und schrie: „Tangua ein Feigling? Wer das sagt, dem stoße ich das Messer in die Brust!"

„Wenn du das Wort nicht hältst, das du Old Shatterhand gegeben hast, bist du ein Feigling. Und ich werde dich auch so nennen", antwortete Winnetou stolz und ruhig.

„Ich halte es!"

„Du bist also bereit sofort mit Old Shatterhand zu kämpfen?"

„Sofort! Ich will sein Blut sehen."

„Wohlan, so mag bestimmt werden, mit welchen Waffen dieser Kampf vorgenommen werden soll."

„Wer hat dies zu bestimmen?"

„Old Shatterhand."

„Warum?"

„Weil du ihn beleidigt hast."

„Nein, ich. Denn er hat mich beleidigt."

Da entschied ich die Frage: „Tangua mag wählen; mir ist es ganz gleich, mit welcher Waffe ich ihn besiege."

„Du wirst mich nicht besiegen. Wir werden aufeinander schießen und meine Kugel wird dir im Herzen sitzen!"

„Schön. Ich bin einverstanden."

Auf Tanguas Verlangen wurde beschlossen, dass wir aus zweihundert Schritt Entfernung abwechselnd aufeinander schießen sollten, bis einer von uns niederstürzte und nicht wieder aufstehen konnte.

„Gut", sagte Winnetou. „Ich werde aufpassen. Ich stehe mit meinem Gewehr dabei und werde demjenigen, der schießt, ohne an der Reihe zu sein, eine Kugel in den Kopf geben. Wer aber hat den ersten Schuss?"

„Ich natürlich!", rief der Kiowa.

Winnetou schüttelte missbilligend den Kopf und sagte: „Tangua will alle Vorteile für sich haben."

„Er soll ruhig seinen Willen haben", antwortete ich. „Er einen Schuss und ich einen; dann ist's aus, denn mein erster Schuss wird ihn niederstrecken."

„Angeber!"

„Pah! Eigentlich sollte ich dich töten; aber ich will es nicht tun, sondern dich nur lähmen. Ich werde dir das rechte Knie zerschmettern."

„Habt ihr das gehört?“, lachte er. „Dieses Bleichgesicht, das von seinen eigenen Freunden ein Greenhorn genannt wird, will vorhersagen können, dass es mich auf diese Entfernung ins Knie treffen wird. Lacht den Träumer aus, ihr Krieger!“

Wir stellten uns zum Zweikampf auf. Man kann sich denken, dass alle Anwesenden von der größten Spannung ergriffen waren. Sie hatten sich in zwei Reihen rechts und links von uns aufgestellt, sodass eine breite Straße entstanden war, deren Endpunkte wir beide markierten. Es herrschte tiefe Stille.

„Der Häuptling der Kiowa mag beginnen“, sagte Winnetou und gab das Kommando: „Eins … zwei … drei!“

Ich stand still da und bot meinem Gegner meine ganze Körperbreite dar. Tangua legte gleich beim ersten Wort Winnetous das Gewehr an, zielte sorgfältig und drückte ab. Die Kugel ging nahe an mir vorüber.

„Nun mag Old Shatterhand schießen“, forderte mich Winnetou auf. „Eins … zwei …“

„Halt!“, unterbrach ich ihn. „Ich habe dem Häuptling der Kiowa gerade und ehrlich gegenübergestanden; er aber dreht sich halb um und wendet mir nur die Seite zu.“

„Das kann ich“, antwortete er. „Wer will es mir verbieten? Es ist nicht bestimmt worden, wie wir stehen sollen.“

„Das ist wahr. Tangua kann sich also stellen, wie es ihm beliebt. Er kehrt mir seine schmale Seite zu, weil er meint, dass ich ihn da nicht so leicht treffen kann. Doch er irrt sich. Ich habe ihm gesagt, dass ich auf sein rechtes Knie zielen werde. Aber wenn er mir nicht das Gesicht, sondern die Seite zukehrt, wird ihm meine Kugel beide Knie zerschmettern.“

„Schieß nicht mit Worten, sondern mit Kugeln“, höhnte er, indem er meine Warnung missachtete und seitlich stehen blieb.

Wieder zählte Winnetou: „Eins … zwei … drei!“

Mein Schuss krachte; Tangua stieß einen lauten Schrei aus, ließ sein Gewehr fallen, warf die Arme auseinander, wankte hin und her und stürzte dann zu Boden.

„Uff, uff, uff!“, rief es überall und alle drängten sich zu ihm, um zu sehen, wo ich ihn getroffen hatte.

Ich ging nun auch hin und man machte mir ehrerbietig Platz. Als ich Tangua erreichte, lag er wimmernd auf der Erde. Winnetou kniete bei ihm und untersuchte die Verletzung. Er sah mich kommen und sagte: „Die Kugel ist genauso gegangen, wie mein weißer Bruder vorhergesagt hat. Es sind beide Knie zerschmettert. Tangua wird nie wieder ausreiten können, um sein Auge auf die Pferde anderer Stämme zu werfen.“

16. Rattlers Tod

Angesichts der Übermacht der Apachen blieb den Kiowa nichts anderes übrig, als mit ihrem verwundeten Häuptling abzuziehen. Inzwischen war Intschu tschuna aus seiner Ohnmacht erwacht. Nachdem Winnetou ihn über die Geschehnisse informiert hatte, wandelte sich seine bisherige Feindseligkeit in Freundschaft und er hieß meine Gefährten und mich herzlich willkommen.

Sam, Will, Dick und ich wurden zurück zum Pueblo gebracht, wo wir unsere Wohnungen angewiesen bekamen. Intschu tschuna und Winnetou waren nicht mitgekommen. Aber Nscho-tschi kümmerte sich um die Ausstattung meines Zimmers und sorgte dafür, dass es mir an nichts fehlte.

Als es so weit eingerichtet war, dass ich es betreten konnte, brachte mir Winnetous Schwester eine prächtig geformte Friedenspfeife und Tabak dazu. Sie stopfte sie mir selbst und setzte den Tabak dazu in Brand. „Dieses Kalumet sendet dir Intschu tschuna. Er selbst hat den Ton dazu aus den heiligen Steinbrüchen geholt und ich habe den Kopf daraus geschnitten. Sie ist noch in keines Menschen Munde gewesen und wir bitten dich, sie von uns als dein Eigentum anzunehmen und unser zu gedenken, wenn du daraus rauchst."

„Eure Güte ist groß", antwortete ich. „Sie beschämt mich fast, denn ich kann dieses Geschenk nicht erwidern."

„Du hast uns bereits so viel gegeben, dass wir dir gar nicht genug danken können. Dafür sind dir unsere Herzen zugewandt und du sollst unser Bruder sein, wenn du es unseren Kriegern erlaubst, dich als solchen zu betrachten."

„Wenn das geschieht, so ist mein größter Wunsch erfüllt. Intschu tschuna ist ein sehr berühmter Häuptling und Krieger und Winnetou habe ich vom ersten Augenblick an lieb

gehabt. Es ist mir eine große Ehre und Freude, der Bruder solcher Männer genannt zu werden. Ich wünsche nur, dass meine Gefährten auch daran teilnehmen dürfen."

„Wenn sie wollen, wird man sie so betrachten, als ob sie als Apachen geboren worden seien."

„Wir danken euch dafür. Aber was geschieht mit Rattler, dem Mörder Klekih-petras?"

„Der wird soeben an den Marterpfahl gebunden."

„Was? Jetzt? Warum hat mir das niemand gesagt?"

„Weil Winnetou glaubte, du könntest den Anblick nicht ertragen."

„Da hat er nicht unrecht. Wo soll die Marter stattfinden?"

„Unten am Fluss."

„Was hat man mit ihm vor?"

„Er hat keine Schonung verdient, denn er ist das schlimmste Bleichgesicht, das den Apachen jemals in die Hände geraten ist. Er hat Klekih-petra ermordet. Darum wird man alle Martern, die wir kennen, nacheinander an ihm erproben."

Aufgeregt lief ich hinaus, um zum Fluss zu eilen. Unterwegs begegnete ich Sam, dem ich berichtete, was ich soeben erfahren hatte.

„So schrecklich es ist", entgegnete dieser, „nach ihren Gesetzen sind die Indianer völlig im Recht. Und Rattler, der so sinnlos betrunken war, dass er einen Menschen ohne jeden Grund ermordet hat, verdient es nicht besser. Ihr wollt doch hoffentlich nicht versuchen, ihn vor der gerechten Strafe zu bewahren?"

„Doch! Ich bin ein Christ und kein Indianer. Ich werde alles versuchen, einen schnellen Tod für ihn zu erreichen."

„Das lasst bleiben, Sir! Klekih-petra ist der Lehrer, der geistige Vater des Stammes gewesen. Sein Tod ist ein unersetzlicher Verlust für die Apachen. Es ist gewiss unmöglich, die Roten zur Nachsicht zu bewegen."

„Ich versuche es doch! Und wenn es mir nicht gelingt, schieße ich Rattler eine Kugel ins Herz, um ihm so wenigstens diese furchtbaren Martern zu ersparen."

„Das lasst um Himmels willen sein! Sonst ist es mit der jungen Freundschaft, die wir geschlossen haben, sofort wieder aus. Macht also ja keine Dummheiten! Dick, Will und ich werden mit Euch kommen."

Als wir am Fluss anlangten, hatten die Apachen einen weiten Kreis um unseren Ochsenwagen gebildet, der noch immer dort stand. Winnetou sah uns kommen und trat uns entgegen. „Warum sind meine weißen Brüder nicht oben im Pueblo geblieben? Gefallen ihnen die Wohnungen nicht, in die sie geführt worden sind?"

„Sie gefallen uns", antwortete ich, „und wir danken unserem roten Bruder für seine Fürsorge. Wir kehren zurück, weil wir hörten, dass Rattler jetzt sterben soll. Ist das so?"

„Ja."

„Und sein Martertod ist unwiderruflich beschlossen worden?"

„Ja. Der Mörder liegt gefesselt beim Leichnam seines Opfers im Wagen. Warum willst du etwas ansehen, was dir zutiefst widerstrebt?"

„Meine Religion gebietet mir für Rattler zu bitten."

„Deine Religion? War sie nicht auch die seinige?"

„Ja."

„Hat er nach ihren Geboten gehandelt?"

„Leider nein."

„So hast du es nicht nötig, ihre Gebote seinetwegen zu erfüllen. Eure Religion verbietet den Mord; er hat trotzdem gemordet. Folglich sind die Lehren dieser Religion nicht auf ihn anzuwenden."

„Ich muss meine Pflicht erfüllen – ganz gleich, was er getan hat. Ich bitte dich, eure Strenge zu mildern und diesen Mann eines schnellen Todes sterben zu lassen."

„Was beschlossen ist, muss ausgeführt werden!"

„Unbedingt? Gibt es keine Möglichkeit, ihn zu retten?"

Winnetou blickte nachdenklich zu Boden. Dann antwortete er: „Eine Möglichkeit gibt es."

„Welche?"

„Ehe ich meinem weißen Bruder diese Möglichkeit nenne, muss ich ihn bitten, sich ihrer lieber nicht zu bedienen. Es würde dir bei unseren Kriegern sehr, sehr schaden."

„Inwiefern?"

„Sie würden dich nicht so achten können, wie ich es um deinetwillen wünsche."

„So ist dieses Mittel ehrlos?"

„Nach den Begriffen der roten Männer schon."

„Sage es mir!"

„Du müsstest unsere Dankbarkeit einfordern."

„Ah! Das tut allerdings kein rechtschaffener Mann!"

„Nein. Intschu tschuna und ich haben dir unser Leben zu verdanken. Wolltest du dich darauf berufen, so würdest du uns zwingen, eine neue Beratung abzuhalten. Unsere Krieger müssten den Dank, den du forderst, anerkennen. Von da an aber würde alles, was du für uns getan hast, vergessen sein. Ist dieser Rattler ein solches Opfer wert?"

„Allerdings nicht."

„Mein Bruder hört, dass ich aufrichtig mit ihm rede. Ich weiß, welche Gedanken und Gefühle in seinem Herzen wohnen, aber meine Krieger können solche Empfindungen nicht begreifen. Ein Mann, der Dank fordert, wird von ihnen verachtet. Soll Old Shatterhand, der der größte und berühmteste Krieger der Apachen werden kann, heute von uns fortgehen müssen, weil meine Krieger vor ihm ausspucken werden?"

Es wurde mir schwer, hierauf eine Antwort zu geben. Mein Herz gebot mir, bei meiner Fürbitte zu bleiben; mein Verstand, oder besser gesagt mein Stolz, war dagegen.

Winnetou fühlte Teilnahme für den Zwiespalt in meinem Innern und sagte: „Ich werde mit Intschu tschuna sprechen. Mein Bruder mag hier warten!"

„Macht keine Dummheiten, Sir!", bat Sam leise. „Ihr ahnt gar nicht, was auf dem Spiel steht. Die Indianer verachten denjenigen, der von ihnen direkten Dank fordert. Sie tun wohl das, was man fordert. Dann aber kennen sie den Betreffenden nicht mehr. Wir müssten heute noch fort und haben die feindlichen Kiowa vor uns. Was das bedeutet, das muss ich Euch doch wohl nicht erst sagen."

Nun kam Intschu tschuna zu uns und sagte: „Hätte Klekih-petra uns nicht so viel von eurem Glauben erzählt, so würde ich dich für einen Mann halten, mit dem zu sprechen eine Schande ist. So aber kann ich deinen Wunsch begreifen. Doch meine Krieger würden dich verachten."

„Es handelt sich nicht nur um mich, sondern auch um Klekih-petra, von dem du redest. Sein Glaube war derselbe wie der meinige. In diesem Glauben ist er gestorben. Wenn er noch lebte, so würde er es nicht zulassen, dass sein Mörder eines solchen Todes stirbt."

„Denkst du das wirklich?“

„Ja, ich bin davon überzeugt.“

Der Häuptling schüttelte den Kopf. „Was sind diese Christen doch für Menschen! Entweder sind sie schlecht. Dann ist ihre Schlechtigkeit so groß, dass man sie nicht zu begreifen vermag. Oder sie sind gut, und dann ist ihre Güte ebenso unbegreiflich!“

Er schwieg eine Weile. Dann fragte er mich: „Dieser Mörder war auch dein Feind?“

„Ja.“

„Hast du ihm verziehen?“

„Ja.“

„So höre, was ich dir sage: Wir wollen erfahren, ob noch eine kleine Spur des Guten in ihm wohnt. Ist dies der Fall, so werde ich versuchen, dir deinen Wunsch zu erfüllen, ohne dass es dir schadet. Warte hier. Wenn ich dir einen Wink gebe, so kommst du zu dem Mörder und forderst, dass er dich um Verzeihung bittet. Tut er dies, so soll er schnell sterben.“

Intschu tschuna kehrte mit Winnetou wieder in den Kreis zurück und wir setzten uns nieder.

„Ich hätte nicht geglaubt, dass der Häuptling auf Euren Wunsch eingeht“, meinte Sam. „Er muss Euch sehr schätzen.“

Jetzt wurde die Plane vom Wagen entfernt. Man hob den Sarg Klekih-petras mit dem darauf gefesselten Rattler heraus und brachte ihn zu einer Felswand, an der das Grabmal errichtet werden sollte. Der Sarg war, wie mir Sam erklärte, aus Baumklötzen zusammengesetzt und dann mit nassen Fellen überzogen worden. Beim Trocknen hatte sich das Leder so zusammengezogen, dass der Sarg dadurch luftdicht verschlossen wurde. Nun wurde er aufgerichtet, sodass Rattler auf seine Füße zu stehen kam. Die Indianer bildeten einen Halbkreis um die Stelle. Es herrschte erwartungsvolle Stille. Winnetou und Intschu tschuna standen rechts und links neben dem Sarg.

Nun begann der Häuptling zu reden: „Die Krieger der Apachen sind hier versammelt, um Gericht zu halten."

Intschu tschuna schilderte Klekih-petras Charakter und sein Wirken. Dann rief er seinen Zuhörern noch einmal den Mord in Erinnerung, berichtete von der Gefangennahme Rattlers und verkündete zum Schluss, dass Rattler jetzt zu Tode gemartert und dann so, wie er an den Sarg gebunden war, mit dem Toten begraben werden solle. Hierauf sah er zu mir herüber und gab mir den erwarteten Wink.

Wir standen auf und traten in den Halbkreis der Indianer. Vorhin hatte ich den Verurteilten nicht deutlich sehen können. Jetzt stand ich vor ihm und fühlte, so schlecht und gottlos er gewesen war, doch ein tiefes Mitleid mit diesem Menschen.

Rattler sah, dass ich frei war. Ihm musste also klar sein, dass ich mich mit den Apachen versöhnt hatte. Dennoch bat er mich nicht etwa, bei ihnen ein gutes Wort für ihn einzulegen. Stattdessen fuhr er mich giftig an: „Was wollt Ihr von mir? Packt Euch fort; ich mag nichts mit Euch zu schaffen haben!"

„Ihr habt gehört, dass Ihr zum Tode verurteilt worden seid, Mr Rattler", antwortete ich ruhig. „Daran ist nichts zu ändern. Sterben müsst Ihr. Aber ich will Euch …"

„Fort, Hund!", unterbrach er mich und spuckte nach mir.

„Also sterben müsst Ihr", fuhr ich unbeirrt fort, „doch in welcher Weise, das soll auf Euch ankommen. Ihr sollt zu Tode gemartert werden. Doch auf meine Bitte hat sich Intschu tschuna bereit erklärt, Euch schnell sterben zu lassen, falls Ihr seine Bedingung erfüllt." Ich hielt inne.

Aber statt mich nach dieser Bedingung zu fragen, stieß Rattler einen wüsten Fluch gegen mich aus.

„Diese Bedingung ist, dass Ihr mich um Verzeihung bitten sollt", erklärte ich weiter.

„Um Verzeihung? Dich um Verzeihung bitten?", schrie er. „Lieber beiße ich mir die Zunge ab und erleide alle Qualen, die sich diese roten Schufte ausdenken können!"

„Wohlgemerkt, Mr Rattler, nicht ich bin es, der diese Bedingung gestellt hat. Intschu tschuna hat es so gewollt. Bedenkt, in welcher Lage Ihr Euch befindet und was Euch droht! Es steht Euch Schreckliches bevor, eine ganz entsetzliche Todesart, der Ihr dadurch entgehen könnt, dass Ihr nur das eine kleine Wort ‚Entschuldigung' aussprecht."

„Fällt mir nicht ein! Nie! Mach dich fort von hier! Ich mag dein schurkisches Gesicht nicht sehen. Geh zum Teufel!"

„Wenn ich fortgehe, ist's für Euch zu spät; ich komme dann nicht wieder. Also seid verständig und sagt das kleine Wort."

„Nein, nein und nein!", brüllte er.

„Ich bitte Euch darum!"

„Fort mit dir! Himmel und Hölle, warum bin ich angebunden! Hätte ich die Hände frei, so würde ich dir den Weg zeigen!"

Ich redete ihm weiter ins Gewissen, erntete aber nur wüste Beschimpfungen und gotteslästerliche Flüche. Schließlich nahm Intschu tschuna mich bei der Hand und führte mich fort. Er sagte: „Mein junger weißer Bruder sieht, dass dieser Mörder keine Fürbitte verdient."

„Das ist nicht etwa sein Mut, sondern seine Wut auf Euch, Sir", meinte Sam, als ich wieder zu ihm trat. „Er denkt, Ihr seid schuld, dass er in die Hände der Roten gefallen ist. Er hat Euch seit dem Tag, an dem wir gefangen genommen wurden, nicht mehr gesehen. Jetzt sieht er Euch und uns frei, während er sterben soll, und nimmt an, dass wir ein falsches Spiel gespielt haben. Aber wenn die Martern erst beginnen, wird er ganz anders pfeifen, wenn ich mich nicht irre."

Die Apachen ließen uns nicht lange auf den Beginn des traurigen Spiels warten. Die Zuschauer setzten sich nieder. Mehrere junge Krieger traten vor, stellten sich ungefähr fünfzehn Schritte von Rattler auf und warfen ihre Messer nach ihm. Dabei hüteten sie sich allerdings ihn zu treffen. Die Klingen fuhren alle in den Sarg, auf den er gebunden war. Das erste Messer steckte links und das zweite rechts von seinem Fuß – so nahe, dass fast gar kein Zwischenraum vorhanden war. Die beiden nächsten Messer wurden weiter aufwärts gezielt und so ging es fort, bis seine beiden Beine von vier Messerreihen eng eingesäumt waren.

Bis jetzt hatte Rattler sich leidlich gehalten. Nun aber schwirrten die Messer höher und immer höher auf ihn zu. Da bekam er Angst. Sobald ein Messer auf ihn zuflog, stieß er einen Angstschrei aus. Und diese Schreie wurden um so lauter und schriller, je höher die Indianer zielten.

Als dann der Oberkörper auch zwischen lauter Messern steckte, kam der Kopf an die Reihe. Das erste Messer fuhr rechts neben seinem Hals in den Sarg, das zweite links; so ging es hüben und drüben am Gesicht bis zum Scheitel empor. Dann wurden die Messer wieder herausgezogen.

Nun bestimmte Intschu tschuna erfahrene Krieger, die auf dreißig Schritt Entfernung werfen sollten. Waren die vorher geworfenen Messer dazu bestimmt, ihr Ziel zu verfehlen, so trafen die folgenden genau die zuvor bezeichneten Stellen: zunächst in die Arme, dann in die Beine. Vielleicht hatte Rattler geglaubt, dass man es gar nicht so ernst mit seinem Tod meine. Jetzt erkannte er, dass er sich getäuscht hatte. Hatte er vorher nur einzelne Schreie ausgestoßen, so heulte er jetzt in einem fort.

Die Zuschauer murrten. Ein Indianer stimmt am Marterpfahl gewöhnlich seinen Sterbegesang an, in dem er seine Taten preist und diejenigen, die ihn martern, verhöhnt. Je größere Schmerzen man ihm zufügt, desto größer sind die Beleidigungen, die er seinen Peinigern zuwirft. Nie würde ein indianischer Krieger eine Klage ausstoßen oder einen Schmerzensschrei hören lassen. Ist er dann tot, verkünden seine Feinde seinen Ruhm und begraben ihn mit allen indianischen Ehren.

Anders ist es bei einem Feigling, der bei der geringsten Verwundung schreit und brüllt. Diesen zu martern, ist keine Ehre, sondern beinahe eine Schande. Darum findet sich schließlich kein wackerer Krieger mehr, der sich ferner mit ihm beschäftigen will, und er wird erschlagen oder auf sonst eine ehrlose Weise getötet.

So ein Feigling war Rattler. Seine Verwundungen waren noch nicht gefährlich, auch wenn sie ihm Schmerzen bereiten mussten. Dennoch heulte und zeterte er, als ob er alle Pein der Hölle fühle. Immer wieder brüllte er meinen Namen. Da ließ Intschu tschuna eine Pause eintreten und forderte mich auf: „Mein junger weißer Bruder mag zu ihm gehen."

„Ja, kommt her, Sir, kommt her!", rief Rattler. „Ich muss mit Euch reden."

Ich ging hin und fragte: „Was wollt Ihr nun von mir?"

„Zieht mir die Messer aus den Armen und Beinen!"

„Das darf ich nicht."

„Aber ich muss doch daran sterben! Wer kann denn so viele Verwundungen aushalten?"

„Habt Ihr etwa geglaubt, die Apachen würden Euch verschonen?"

„Ihr lebt doch auch!"

„Ich habe niemanden ermordet."

„Ich kann doch nichts dafür. Ihr wisst ja, dass ich betrunken war."

„Die Tat bleibt dieselbe. Ich habe Euch oft vor dem Branntwein gewarnt."

„Ihr seid ein ganz harter und gefühlloser Mensch! So bittet doch für mich!"

„Das habe ich getan. Wenn Ihr mich um Entschuldigung bittet, so werdet Ihr schnell sterben und nicht langsam zu Tode gequält werden."

„Schnell sterben! Ich will aber nicht sterben. Ich will leben!"

„Das ist unmöglich."

„Unmöglich? Also gibt es keine Rettung?"

„Nein."

„Keine Rettung!" Er begann ein solches Wehklagen und Jammern, dass ihn der Häuptling anfuhr: „Heule nicht länger, Hund! Du bist ein stinkender Kojote, den kein Krieger berühren mag."

Dann wandte sich Intschu tschuna an seine Leute und fragte: „Welcher von den Söhnen der tapferen Apachen will sich noch mit diesem Feigling abgeben?“

Keiner antwortete.

„Also niemand?“

Wieder Schweigen.

„Uff! Dieser Mörder ist es nicht wert, von uns getötet zu werden. Er soll auch nicht mit Klekih-petra begraben werden. Wie könnte eine solche Kröte neben einem Schwan in den ewigen Jagdgründen erscheinen? Schneidet ihn los!“

Er gab zwei kleinen Knaben einen Wink. Diese sprangen auf, liefen hin, zogen Rattler die Messer aus den Gliedern und schnitten ihn vom Sarg los.

„Bindet ihm die Hände auf den Rücken!“, befahl der Häuptling weiter.

Die Knaben, die nicht älter als zehn Jahre waren, taten dies und Rattler wagte nicht die geringste Bewegung des Widerstands dabei.

„Führt ihn an den Fluss und stoßt ihn ins Wasser!“, lautete die nächste Weisung. „Wenn er das jenseitige Ufer glücklich erreicht, soll er frei sein.“

Rattler stieß einen Jubelruf aus und ließ sich von den Knaben zum Fluss schaffen und hineinstoßen. Er ging zunächst unter, kam aber bald wieder an die Oberfläche und bemühte sich auf dem Rücken schwimmend vorwärtszukommen. Das war gar nicht schwer, obwohl ihm die Hände auf dem Rücken zusammengebunden waren.

Sollte er das jenseitige Ufer erreichen dürfen? Das wünschte selbst ich nicht. Er hatte den Tod verdient. Ließ man ihn leben und entkommen, so machte man sich geradezu der Verbrechen schuldig, die er in Zukunft begehen würde.

Da gab Intschu tschuna den beiden Knaben den Befehl: „Nehmt Flinten und schießt auf ihn!"

Sie liefen zu der Stelle, wo einige der Krieger ihre Gewehre hingelegt hatten, und nahmen sich jeder eins davon. Dann knieten sie am Ufer nieder und zielten auf Rattler.

Dieser schrie voller Entsetzen auf. Die Knaben sprachen einige Worte miteinander. Sie ließen ihn zunächst unbehelligt weiterschwimmen. Dann stießen sie mit ihren hellen Kinderstimmen einen auffordernden Schrei aus und schossen ihre Gewehre ab. Rattler wurde getroffen und verschwand augenblicklich unter Wasser.

Kein Jubelruf erscholl, wie es sonst Gewohnheit der Indianer beim Tod eines Feindes ist. Ihre Verachtung war so groß, dass sie sich nicht einmal um seine Leiche kümmerten. Sie ließen ihn flussabwärts treiben, ohne ihm einen Blick nachzusenden. Vielleicht war er nur verwundet oder hatte nur so getan, als ob er getroffen worden sei. Dennoch hielten die Apachen es für unter ihrer Würde, sich weiter mit ihm zu beschäftigen.

17. Klekih-petras Vermächtnis

Inzwischen war auch Winnetou zu Intschu tschuna und mir getreten.

„Was werden die Krieger der Apachen jetzt tun? Klekih-petra begraben?“, fragte ich ihn.

„Ja.“

„Darf ich mit meinen Gefährten dabei sein?“

„Ja. Wenn du nicht gefragt hättest, hätten wir dich darum gebeten. Du hast damals mit Klekih-petra gesprochen, als wir fortgingen, um die Pferde zu holen. War es nur eine gewöhnliche Unterhaltung?“

„Nein, es war ein sehr ernstes Gespräch, das für ihn und auch für mich wichtig war. Darf ich euch sagen, worüber wir geredet haben?“

„Sprich!“, antwortete der Sohn des Häuptlings.

„Als ihr fort wart, bemerkten wir bald, dass seine Heimat auch die meinige war. Wir unterhielten uns in unserer Muttersprache. Er hatte viel erlebt und erduldet. Davon erzählte er mir. Er sagte, wie lieb er euch habe und dass es sein Wunsch sei, für Winnetou sterben zu können. Der große Geist hat ihm diesen Wunsch nur wenige Minuten später erfüllt.“

„Warum wollte er für mich sterben?“, fragte Winnetou.

„Weil er dich liebte – und um für etwas Sühne zu leisten, was er einst getan hatte.“

„Als er sterbend an meinem Herzen lag, redete er zu dir in einer Sprache, die ich nicht verstand. Sprach er da auch von mir?“

„Ja. Er bat mich, dir treu zu bleiben.“

„Mir treu zu bleiben? Du kanntest mich doch noch gar nicht!"

„Ich kannte dich, denn ich hatte dich gesehen – und wer Winnetou sieht, der weiß, wen er vor sich hat. Außerdem hatte Klekih-petra mir ja von dir erzählt."

„Was antwortetest du ihm?"

„Ich versprach, ihm diesen Wunsch zu erfüllen."

„Es war sein letzter. Du bist sein Erbe geworden. Du hast ihm gelobt, mir treu zu sein, hast mich behütet und geschont, während ich dich als meinen Feind verfolgte. Der Stich meines Messers wäre für jeden anderen tödlich gewesen, doch dein starker Körper hat ihn überwunden. Ich stehe in tiefer Schuld bei dir. Sei mein Freund!"

„Ich bin es längst."

„Mein Bruder!"

„Von ganzem Herzen gern."

„So wollen wir den Bund am Grabe dessen schließen, der meine Seele der deinigen übergeben hat! Ein edles Bleichgesicht ist von uns gegangen und hat uns, noch im Sterben, ein anderes, ebenso edles zugeführt. Mein Blut soll dein Blut und dein Blut soll mein Blut sein. Ich werde das deinige und du wirst das meinige trinken."

Intschu tschuna reichte uns seine Hände und sagte in einem von Herzen kommenden Ton: „So sei es. Ihr werdet nicht nur Brüder, sondern ein einziger Mann und Krieger mit zwei Körpern sein. Howgh!"

Wir begaben uns zu der Stelle, an der das Grab errichtet werden sollte. Ich erbat mir einige Tomahawks. Gemeinsam mit Sam Hawkens, Dick Stone und Will Parker ging ich in den Wald, wo wir uns passendes Holz suchten, aus dem wir ein Kreuz zimmerten. Als wir damit zum Begräbnisplatz zurückkehrten, hatten die Trauerfeierlichkeiten bereits begonnen. Das Grabmal war fast vollendet und die Apachen hatten sich davor niedergelassen, um ihre monotonen und zugleich ergreifenden Totenlieder zu singen.

Als wir unser Kreuz neben dem Sarg niederlegten, fragte Winnetou: „Soll dieses Zeichen des Christentums mit an die Steine kommen?"

„Ja."

„Das ist recht. Ich hätte meinen Bruder Old Shatterhand gebeten ein Kreuz zu machen, denn Klekih-petra hatte in seiner Wohnung eins, vor dem er immer betete. Darum soll dies Zeichen seines Glaubens auch an seinem Grabe wachen."

Nach einiger Zeit war der Bau vollendet. Er wurde von unserem Kreuz gekrönt und hatte vorn eine Öffnung für den Sarg, der jetzt noch im Freien stand.

Da kam Nscho-tschi. Sie war im Pueblo gewesen, um zwei Tonschalen zu holen, die sie nun mit Wasser füllte. Dann kam sie zu uns und stellte sie auf den Sarg. Wozu, das sollte ich bald erfahren.

Jetzt war alles für das Begräbnis vorbereitet. Intschu tschuna gab ein Zeichen, worauf die Klagegesänge verstummten. Auch der Medizinmann, der vor dem Sarg getanzt hatte, hockte sich auf die Erde.

Der Häuptling trat an den Sarg und sprach feierlich: „Die Sonne geht des Morgens im Osten auf und sinkt des Abends im Westen nieder und das Jahr erwacht zur Frühlingszeit und geht im Winter wieder schlafen. So ist es auch mit dem Menschen: Der Mensch geht auf wie die Sonne und sinkt wieder nieder in das Grab. Er kommt wie ein Frühling auf die Erde und legt sich wie der Winter zur

Ruhe. Aber wenn die Sonne untergegangen ist, so erscheint sie am nächsten Morgen wieder, und wenn der Winter verstreicht, so ist der Frühling wieder da. Ist es so?"

„Howgh!"

„Der Mensch wird in das Grab gelegt, aber jenseits des Todes steht er auf wie ein neuer Tag und wie ein neuer Frühling, um im Lande des großen, guten Geistes weiterzuleben. Das hat uns Klekih-petra gelehrt. Jetzt weiß er, ob er die Wahrheit gesprochen hat, denn er ist verschwunden wie der Tag und das Jahr und seine Seele ging ein zur Wohnung der Verstorbenen, nach der er sich immer sehnte. Ist es so?"

„Howgh!"

„Sein Glaube war nicht der unsrige und der unsrige war nicht der seinige. Wir lieben unsere Freunde und hassen unsere Feinde; er aber lehrte, dass man auch seine Feinde lieben solle, denn sie seien auch unsere Brüder. Das wollten wir nicht glauben. Aber sooft wir ihm und seinen Worten gehorchten, hat es uns zum Nutzen und zur Freude gereicht. Der Tod ist über ihn gekommen wie das Raubtier über seine Beute. Plötzlich und unerwartet war er da. Klekih-petra war gesund und rüstig und stand an unserer Seite. Da traf ihn die Kugel eines Mörders. Meine Brüder und Schwestern mögen dies beklagen!"

Es erhob sich ein dumpfes Wehegeschrei, welches immer stärker und heller wurde, bis es in einem durchdringenden Heulen endete.

„Nun ist er fort von uns; aber sein Körper ist uns geblieben, damit wir ihm ein Grabmal setzen, an dem wir und unsere Nachkommen des guten weißen Vaters gedenken können, der unser Lehrer war und den wir lieb gehabt haben. Er hat stets an uns gedacht und für uns gesorgt. Er ist auch nicht von uns gegangen, ohne uns ein Bleichgesicht zu senden, das an seiner Stelle unser Freund und Bruder werden soll. Hier seht ihr Old Shatterhand, der aus demselben Land stammt, aus dem Klekih-petra zu uns kam. Er weiß alles, was dieser wusste, und ist ein stärkerer Krieger als er. Er hat den Grizzlybären mit dem Messer erstochen und schlägt jeden Feind mit seiner Faust zu Boden. Intschu tschuna und Winnetou waren wiederholt in seiner Hand; aber er hat uns nicht getötet, sondern uns das Leben gelassen, weil er uns liebt und ein Freund der roten Männer ist. Ist es so?“

„Howgh!“

„Es ist Klekih-petras letzter Wille gewesen, dass Old Shatterhand sein Nachfolger bei den Kriegern der Apachen sein möge. Old Shatterhand hat ihm versprochen, diesen Wunsch zu erfüllen. Darum soll er in den Stamm der Apachen aufgenommen werden und als Häuptling gelten. Es soll so sein, als ob er bei uns geboren wäre. Um dies zu bekräftigen, müsste er mit jedem erwachsenen Krieger der Apachen das Kalumet rauchen. Aber dies ist nicht nötig, denn er wird das Blut Winnetous trinken und dieser wird das seinige genießen. Dann ist er Blut von unserem Blut und Fleisch von unserem Fleisch. Sind die Krieger der Apachen damit einverstanden?“

„Howgh, howgh, howgh!“, lautete dreimal die freudige Antwort aller Anwesenden.

„So mögen Old Shatterhand und Winnetou hierher an den Sarg treten und ihr Blut in das Wasser der Brüderschaft tropfen lassen!“

Winnetou und ich stellten uns zu beiden Seiten des Sarges auf und Intschu tschuna entblößte den Vorderarm seines Sohns, um ihn mit dem Messer zu ritzen. Aus dem kleinen, unbedeutenden Schnitt quollen einige Blutstropfen, die der Häuptling in die eine Wasserschale fallen ließ. Dann nahm er mit mir dieselbe Prozedur vor, sodass einige Tropfen meines Bluts in die andere Schale fielen. Winnetou erhielt die Schale mit meinem Blut und ich die mit dem seinigen.

Dann sagte Intschu tschuna: „Die Seele lebt im Blut. Die Seelen dieser beiden jungen Krieger mögen ineinander übergehen, dass sie eine einzige Seele bilden. Was Old Shatterhand dann denkt, das sei auch Winnetous Gedanke, und was Winnetou will, das sei auch der Wille Old Shatterhands. Nun trinkt!"

Ich leerte meine Schale und Winnetou die seinige. Darauf reichte der Häuptling mir die Hand und sagte: „Du bist nun mein Sohn, wie Winnetou es ist. Als Krieger nehmen wir dich auf in unser Volk. Deine Taten werden schon bald überall bekannt werden und kein anderer Krieger wird dich übertreffen. Du trittst als Häuptling der Apachen ein und alle Stämme unseres Volkes werden dich als solchen ehren."

Das war eine schnelle Beförderung! Vor Kurzem noch Hauslehrer in St. Louis, war ich dann Vermessungsingenieur geworden, um jetzt von den Apachen als Häuptling aufgenommen zu werden!

Als Intschu tschuna seine letzten Worte sprach, hatten sich alle Apachen erhoben, um ein lautes, bekräftigendes „Howgh!" auszurufen. Dann fügte der Häuptling hinzu: „Jetzt ist der neue, der lebende Klekih-petra bei uns aufgenommen und wir können den Toten seinem Grabe übergeben. Meine Brüder mögen dies nun tun!"

Ich sprach noch ein Gebet über dem Sarg Klekih-petras. Dann wurde das Grab geschlossen. Erst als der letzte Stein eingefügt worden war, galt die Feier, die mich tief beeindruckt hatte, als beendet und der Alltag ging weiter. Jeder wandte sich wieder seinen Beschäftigungen zu. Intschu tschuna lud mich zum Essen ein. Und so saß ich am Abend mit Intschu tschuna und Winnetou, die mir am Morgen noch nach dem Leben getrachtet hatten, beim Mahl zusammen. Aus Feinden waren Freunde und sogar Blutsbrüder geworden.